国家级非物质文化遗产代表性项目

悬着的"眼神"
赣南客家匾额习俗

黄振荣　黄斌　胡宁华　编著

江西高校出版社

图书在版编目（CIP）数据

悬着的"眼神"：赣南客家匾额习俗 / 黄振荣，黄斌，胡宁华编著. -- 南昌：江西高校出版社，2023.12

ISBN 978-7-5762-2659-1

Ⅰ. ①悬… Ⅱ. ①黄… ②黄… ③胡… Ⅲ. ①牌匾—文化研究—赣南地区 Ⅳ. ① K875.44

中国国家版本馆 CIP 数据核字（2023）第 199177 号

出 版 发 行	江西高校出版社
社　　　址	江西省南昌市洪都北大道 96 号
总编室电话	（0791）88504319
销 售 电 话	（0791）88517295
网　　　址	www.juacp.com
印　　　刷	江西千叶彩印有限公司
经　　　销	全国新华书店
开　　　本	787 mm×1092 mm　1/12
印　　　张	10
字　　　数	154 千字
版　　　次	2023 年 12 月第 1 版
印　　　次	2023 年 12 月第 1 次印刷
书　　　号	ISBN 978-7-5762-2659-1
定　　　价	78.00 元

赣版权登字 -07-2023-744

版权所有　侵权必究

图书若有印装问题，请随时向本社印制部（0791-88513257）退换

《悬着的"眼神"——赣南客家匾额习俗》编委会

主　　　任：梁玲娜

副　主　任：黄振荣　黄　斌　胡宁华

编委会成员：左　婕　张丽萍　罗广洲　刘　燕

焕彩客家匾额习俗的时代光华

"万事劝人休瞒昧,举头三尺有神明。"这句出自《增广贤文》的民间谚语,告诫我们,每个人头上三尺处都有神明监察着,起心动念要慎之又慎。这是祖先劝人向善的智慧。

在传统的客家文化理念中,客家祠堂、厅堂内悬挂着的匾额,就像是一对灵动的眼眸,也恰似隐匿在心灵深处的神祇,注视着、影响着人们的一言一行、一举一动。基于此,我们把匾额比喻为"眼神";把高高在上的匾额,比喻为"悬着的眼神"。

这"眼神",是一段段风流雅趣,一看就是千年。流传至今的匾额,肇始于秦汉,发展于唐宋,昌盛于明清。无论居庙堂之高,还是处江湖之远,也无论显官贵族,还是寻常百姓,都乐见其成,乐此不疲,心向往之。我们在看匾额,匾额更在看我们,"相看两不厌"。沧海桑田,匾额成就了古人与今人的对话,历史与现实的交融,时间与空间的轮转。

这"眼神",是一种种传世风俗,一传就不曾中断。民俗深深根植于民众的生活之中,是民众自觉自愿的风土人情和行为习惯。活在当下的匾额习俗,展现出强大的生命力,绵延千年。经历朝代更替、时事变迁,客家匾额习俗的主体意识、核心价值、沿袭规制等,既承继着传统的要义,遵循着原有的规制,更沐浴着时代的春风,焕发出迷人的光彩。

这"眼神",是一项项精湛技艺,一刻即为永恒。无论是欣赏先前的匾额,还是当今炮制的新匾,无不是别具匠心。时代在进步,科技在发展,但传统技艺、核心技术,仍在口耳相传,纯手工的制作,留有手上余温的工艺，巧夺天工的"独一份"作品，与流水线上模式化的产品相比，委实有天壤之别，难以替代，难以企及。

这"眼神"，是一个个精彩故事，一说就成传奇。匾额，大都蕴含着一段不平凡的过往，或记录一个家族的功德名望，或诉说着姓氏的流转变迁。因为有了匾额，眼前的客家建筑便从历史的深处生发出许多鲜活的故事，恍惚间浮现出当年主人的身影，深藏着时代、社会、经济乃至身世、经历、命运等众多信息。

匾额，中国独创的文化艺术表达形式，集文学、艺术、书法、雕刻、漆艺等于一身的大众艺术形态，是中国传统文化的一朵奇葩。

"凡有井水饮处，皆能见匾额。"匾额与建筑浑然一体的展示方式，历代沿袭、约定俗成。匾额习俗文化，蕴含着中国人的价值观、人生观、生命观、宇宙观，一脉相传，生生不息。

客家民系是世界上分布地区最广、人口最多的民系之一，1亿多客家人分布全球各地。赣南是客家摇篮，是客家先民中原南迁的第一站。会昌，是江西省赣州市管辖的一个"纯客县"，蕴藏着丰富的客家文化资源。会昌，古称九州，是客家先民流连忘返之地；会昌，千年古邑，秀山丽水物产丰饶；会昌，风景独好，一代伟人豪迈诗兴勃发，吟就"踏遍青山人未老，风景这边独好"的光辉辞章。

赣南客家匾额习俗产生于客家人的生产和生活实践中，在继承中原匾额文化后，融合当地的风俗习惯，逐步形成一种独特的民俗文化现象，形成了通过送匾、挂匾等活动，表彰先进、树立榜样以教化乡邦的客家传统，发挥了客家同根同源，促进文化互联互通和沟通海外客家乡亲的作用。

2014年11月，赣南客家匾额习俗被列入第四批国家级非物质文化遗产代表性项目名录，是迄今为止1557项国家级非遗代表性项目中，唯一关于匾额习俗的民俗类项目。

匾额，既是物质的，也是非物质的。在古籍文献的记载中有匾额，在各地各类博物馆的收藏中有匾额，在民众的现实生活中，匾额更是重要存在。通过长时间、近距离观察会昌人的生活习俗，我们欣喜地发现，赣南客家匾额习俗确实成为活在客家人心里的"一项国宝"，成为客家游子眷恋故园的"乡愁"，至今仍荣盛不衰。

作为文物、实物，匾额是物质的实证。2009年6月，会昌就建成了客家匾额专题展馆——"百匾堂"，收集了大量散落的匾额，同时，各个乡镇的宗祠、寺庙悬挂着各式各样的匾额，民间不少热心人士也收藏了各种款式、各个年代的匾额。无论是收藏数量，还是品相质量，会昌在赣南，都算不上是出类拔萃的。在客家聚集区域，如闽西连城、武平、粤北梅州等地，在客家匾额的藏品方面，会昌似乎也并不具备优势。

然而，以会昌为代表的赣南客家匾额习俗，却异军突起，一枝独秀。作为非物质文化遗产的传承，一种习俗文化的赓续，会昌人坚持不懈，持续传承，不断扬弃，终成气候，将客家先民崇文重教、敦宗睦族的客家文化特质，以及他们的嘉言懿行等，通过匾额习俗代代相传。

这些年来会昌县设立了一大批匾额习俗传播基地、传习所、传习点以及匾额制作技艺传习点等，一大批匾额习俗、匾额技艺传承人、志愿者活跃在城市乡村，为赣南客家匾额习俗的传承发展奔赴忙碌、默默奉献。还通过奖补匾额制作费、民间乐队工资等形式，鼓励民间进行挂匾活动。近5年来，会昌县先后举办民间挂匾活动近200场，5万余人热心参与。

近年来，会昌更举办了一系列有影响的匾额文化活动：2022年1月，县有关部门对坚持10多年照顾瘫痪在床婆婆的"最美会昌人"肖运娇，颁赠"淑德贤良"匾，给"最美退役军人"、抗美援朝老兵郑兆林荣颁"族之典范"匾额；2023年1月，在会昌县乡贤联谊会成立大会暨乡贤论坛上，县委书记潘金城为和君集团董事长、和君商学院院长、和君小镇创始人兼和君职业学院董事长王明夫颁授镌刻着"和君可风"字样的荣誉匾额……

为此，我们筹划着从民俗、传统技艺、民间故事等非物质文化遗产的视角出发，编写这本《悬着的"眼神"》，力图突出重点，以通俗易懂、深入浅出的语言形式，将赣南客家匾额习俗中孝悌为先、亲善仁厚、勤俭治家、忠义两全、家训立德等优秀传统价值观和道德观，树德、立德的思想，加以系统阐释，加以弘扬发展。

在本书成稿之际，2023年6月2日，习近平同志在文化传承发展座谈会上发表了重要讲话，他指出，在新的起点上继续推动文化繁荣、建设文化强国、建设中华民族现代文明，是我们在新时代新的文化使命。

赣南客家匾额习俗充分体现了中华文明具有突出的连续性、创新性、统一性、包容性、和平性。透视历朝历代的匾额辞赋，研究历朝历代的匾额习俗，我们强烈地感知到，中华文脉从不曾中断的连续性；在探索中突破超越、在融合中出新出彩，形成良好的匾额文化生态，千古流传的客家匾额从来不缺乏创新性；融合本地的畲、瑶等少数民族文化元素，与红色文化创新融合发展，赣南客家匾额习俗具有突出的统一性；以开放的视野，与赣南、闽西、粤东等客家聚集区协同联动，共同推进客家匾额习俗的传承发展，客家匾额习俗具有突出的包容性；充分发挥客家匾额文化的亲和力、凝聚力和辐射力，构建全球客属地区交流合作平台，进一步提升赣州在世界客家文化圈的地位和影响力，客家匾额习俗具有突出的和平性。

　　赣南客家匾额习俗与时代结合的成果是互相成就、共生共荣，造就了一个有机统一的注入新思想、新发展理念的文化形态。我们要以守正创新的正气和锐气，赓续历史文脉、谱写时代华章，共同努力创造属于我们这个时代的匾额习俗新文化，为建设中华民族共有的精神家园，筑牢中华民族共同体意识，建设中华民族现代文明奉献智慧和力量。

赣州市博物馆（赣州市文物保护中心）副馆长（副主任）

客家文化（赣南）生态保护实验区专家咨询委员会主任

2023年7月

目录

第一章 客家建筑的点睛之笔——匾额

一、客家 / 002

二、匾额 / 003

三、客家匾额 / 006

四、国家级非遗项目：赣南客家匾额习俗 / 008

第二章 源远流长的客家匾额习俗

一、历史渊源 / 012

二、发展演变 / 014

三、分门别类 / 018

第三章 精彩纷呈的客家匾额习俗活动

一、题匾 / 030

二、印章 / 033

三、授匾 / 034

四、立匾 / 039

五、规制 / 044

六、价值 / 050

第四章 客家匾额上的"文化基因"

一、书法艺术 / 057

二、绘制技艺 / 061

三、人文精神 / 064

四、文史知识 / 067

第五章 熠熠生辉的客家名人名匾

一、"百忍传家"匾 / 074

二、文天祥题额"永镇江南" / 075

三、王阳明题写"功泽弘庇"匾 / 076

四、罗洪先题写"庄溪草堂"匾 / 077

五、戚继光书"善世堂"匾 / 078

六、戴衢亨题"孝友堂"匾 / 078

七、苏凌阿题写"励洁明干" / 080

八、纪晓岚题"文明有象"匾 / 081

九、林则徐与"江左风流"匾 / 082

十、曾国藩题写"急公好义"匾 / 082

十一、孙中山题写"天下为公"匾 / 084

十二、毛泽东题写"模范兴国"匾 / 084

十三、胡灿"也是居"的故事 / 085

十四、"苎园乡苏维埃政府"木刻横匾 / 086

十五、舒同题写"郁孤台"匾 / 087

第六章　客家匾额的那些人、那些事

一、看匾——喜欢的风景，需要用心去读 / 090

二、看馆——岁月已经远去，往事不会远去 / 093

三、看德——入眼的地方，肯定也会入心 / 097

四、看史——翻阅族谱，像是探究一段历史 / 100

主要参考文献 / 105

附录

客家人的姓氏堂号、堂联 / 106

后记 / 110

第一章
客家建筑的点睛之笔——匾额

身居客家，匾额为大。离家再远，也在心里悬挂。匾若在，便是最长情的告白和表达。从挂上那刻起，它就成了一种源远流长的中华民族的优秀传统文化，陪伴着你，和你一起走千里、行天下。

行走赣南，客韵悠悠；徜徉城乡，弥漫文香。与一座座客家楼宇相遇，随处可见屋檐上、厅堂里高挂的匾额。

匾额，是客家建筑的开篇之作、点睛之笔、点题之文，是建筑拥有者的身份名片。匾额好像是悬挂在客家建筑上的一双双灵动的眼睛，有血有肉、有思有想、有情有趣、有"名"有"姓"。

在很大程度上，领悟了客家匾额的精髓，便是读懂了这座客家建筑的灵魂，便能走进这户客家主人的精神世界。

一、客家

客家是一个具有鲜明特色的汉民族支系。它前承后续，源远流长。从两晋开始到唐宋，中原多次遭遇战乱、灾荒，大批北方汉民被迫渡江南下，辗转迁徙到自然条件相对封闭的赣、闽、粤三角地区，与当地原住民相互杂居，孕育成为一支独具丰采的汉民族支系——客家民系。

客家是以赣、闽、粤相交的三角地带为基本住地，并分布到海内外的广大地区，以客家方言为母语的汉族群体，约有一亿多人。

从地理和史实角度看，赣南很多客家姓氏源流资料昭示，他们的祖先在赣南繁衍生息了若干代，后来才进一步往闽西、粤东迁移，再到世界各地。因此，赣州是客家民系的发祥地和客家人的主要聚居地之一，世称"客家摇篮"。

千百年以来，客家人顽强地保留着自己独具魅力的文化。坚韧不拔、自强不息、勤俭创业、团结互助、勇于开拓、敢为人先，既传承了中华民族优秀传统文化，又保有浓郁的地方特色和族群特点，形成了以吃苦耐劳、开拓进取、崇先报本、和衷共济等为主要内容的客家精神。

延伸阅读

赣州客家人的来源

晋朝时，由于中央统治衰落，王公贵族为争夺皇权而兵戎相见，一时中原大地狼烟四起，战乱频繁，发生了历史上著名的"八王之乱"。趁着这场战乱，北方游牧民族的铁骑踏入中原，并一举杀入晋王朝的统治中心河南一带。面对这场残酷的战争，平民百姓流离失所，不得不逃离家园躲避战乱，从而导致了中国历史上中原人口的第一次大迁徙。其中相当一部分人沿长江进入了赣江流域，当他们到达赣江的源头时，眼前出现了一片开阔的土地，这里地广人稀，是中国北方通往岭南地区的必经之路，也是沿途中难得的远离战乱、可以安居乐业的世外桃源，这就是赣州。于是他们留了下来，用绵延的山峦做天然的屏障，用纵横的河流做生养的依靠，辛勤劳作，团结互助，共同抵御各种侵袭，依靠自己的勤劳和智慧在这片陌生的土地上安顿下来——

他们成了赣州最早的客家先民。

据史料记载,中原汉民有五次大举南迁。尤其是"安史之乱"及唐末动乱,它们不仅直接毁灭了大唐盛世,也导致了唐末五代中国北方群雄割据、战乱不断,使不计其数的北方平民流离失所,陷入了水深火热之中,不得不再次选择南迁,其规模远远超过了两晋时期。南迁的北方先民沿前辈的南下路线追寻久居南方的先人足迹,赣州也以更宽广的胸怀接纳他们,成了他们新的家乡。

客家五次迁徙

中国历史上有过五次人口的大迁移,对客家的形成产生重大影响。客家民系历千百年的奋斗,经五次大迁徙,每一次都是对命运的挑战,对未来的开拓。

第一次是两晋时期,中原许多人举族南迁至长江流域。

第二次是从唐代安史之乱开始,大批避乱汉民迁居到赣南,成为第一批"客家先民"。

第三次是两宋时期,朝廷南迁,一批批汉民迁来赣南繁衍生息。

第四次是明末清初,奠定了赣南居民的现代格局。

第五次是近代,由于连年战争,不少客家人从粤东、闽西迁至沿海,有的移居海外。

二、匾额

作为中国古代建筑常见的装饰物,匾额反映了建筑的名称和性质。匾额一般挂在门楣与檐顶之间,起到了封闭门上部到檐之间空间的作用和点缀装饰作用。其与建筑浑然相处的展示方式,成为历代沿袭、约定俗成的大众艺术形态,形成了一方闪耀着文化和智慧光芒的视觉景象。

匾额在宫廷、园林和祠堂中广泛使用。凡是宫室、殿堂、亭榭、书斋等以大字题于门额上,都称作匾额。匾额的存在便是历史的存在,更是文化香火延绵传承的体现。

匾额是古代门额之上建筑的重要组成部分。它以中华民族传统文化内涵为题材,以书法文字为主题,以装饰工艺为衬托,是传统建筑文化的精髓。

简单来说,匾额就是悬挂于门屏上做装饰之用,反映建筑物名称和性质,表达人们义理、情感的文学艺术形式。

古人对匾额寄以良多情结,他们通过匾额来渲染氛围,体现他们的价值观和文化诉求,并彰显身份、品位以及价值追求。

匾额的初始来源

在中华数千年的历史长河中,匾额是一种独特的存在。匾额的历史源远流长，一般资料认为起始于秦汉，发展于唐宋，而盛行于明清。

清代著名训诂学家、经学家段玉裁在《说文解字注》中说："扁，署也。从户册。户册者，署门户之文也。……署门户者，秦书八体，六曰署书。"额，即是悬于门屏上的牌匾。据段玉裁的《说文解字注》载，最早出现的匾额是汉高祖六年（公元前200年），萧何题写的"苍龙""白虎"两阙之匾额。

悬挂于建筑物门楣或墙上的匾额，是中华民族传统文化的生动体现和别样风景，是中国独有的一种建筑表达和文化符号。一方精致的匾额，大都荟萃了博大精深的语言文字、书法艺术、建筑美学、雕刻技艺、民间风俗等，是一件集思想性、艺术性、人民性于一身的综合艺术作品。

匾额广泛应用于宫殿、牌坊、寺庙、商号、民宅等建筑的显赫位置，向人们传达皇权、文化、人物、信仰、商业等综合信息。

◎会昌县萧氏宗祠

 **小贴士**

牌、匾、额

在过去，牌、匾、额不仅功能和用途有所不同，形制上也有所区别。现在人们多数已分不清它们的区别，基本上把它们统称为牌匾或匾额。

"牌"指的是有标记作用的牌板，如门牌、路牌、招牌、广告牌等。明清时期主要用于旌表纪念的建筑物——牌坊上，此外也用于官员出行和彰显功名。"牌"的形制是方形木板下加一长方形木柄。

"匾"古也作"扁"字，扁是会意字，由户和册组成，本义是在门户上题字。扁的形制中，横长形是明清时期的主流，是用途最广、存世最多的一种。在许多古建筑的柱顶、额枋、屋檐或构架间都能见到。据资料记载，唐宋以前的斗拱在整个建筑物的高度中所占的比例很大，相当于立柱的三分之一或四分之一；自元、明、清以后，斗拱这一部分结构的占比逐渐缩小，也即柱顶到屋檐之间的高度越来越小。由此，匾的应用愈发广泛，因为匾是悬挂在建筑物的屋檐之下或横梁之上，牌与额无法满足立匾者的需要，且与建筑的比例也不一致，而明清以后，匾比较适应建筑的形制，也较为美观。

"额"，一说是悬于门屏上的牌匾。也有人说，横的叫"扁"，竖的称"额"。有学者认为，用以表达经义、感情之类的属于匾，而表达建筑物名称和性质之类的则属于额。

◎汀州府　城隍庙

◎沈鹏题写"御苑门"匾

额,《营造法式》上称之为"华带牌",在业内称之为"陡匾"。明清时期额的形制主要为竖长方形,规格不等,依建筑和情况而定,早期用于大型建筑的斗拱和门额之上,后还用于官府表彰或旌表具有"功名、节、孝"等方面的人群。现在还能在一些塔、寺庙或是高大的建筑上看到额。

◎ "大成殿"匾

三、客家匾额

客家匾额,是客家地区较为独特的文化现象,它源于汉魏时期的门阀制度。客家人用匾额来标榜本族本户的功状,将匾额作为一种崇尚祖训、铭记历史、注重家教、爱惜名节的文化标志。

赣南是目前海内外最大的客家聚居地,这里的18个县(市、区),除章贡区和信丰嘉定镇以及其他几个居民点外,其余都属客家方言区。这里保留着完整的客家社会形态、地道的客家方言、古老的客家民居,是了解客家、研究客家、体验客家的理想之地,是海内外客家人寻根问祖,探寻客家文化之踪的"客家原乡"。

赣南有着丰富的客家文化遗存,赣南客家匾额就是其中极具代表性的客家文化现象之一。赣南客家匾额有作为堂号、表彰、祝福、商号、室内装饰等用途。

延伸阅读

客家匾额略说

客家匾额主要是在民居或祠堂的大门顶上绘制一幅长方形匾框,是客家古建筑、古民居人性化、个性化的别样风景,是中国传统文化中的一朵奇葩。

赣州是客家摇篮、红色故都、江南宋城、阳明圣地,具有深厚的文化底蕴。匾额是赣州历史文化

◎会昌曾氏宗祠

的一个缩影,在赣州的古民居、祠堂、寺庙中随处可见。这些匾额文字隽永、书法美妙、风格俱全,令人爽心悦目。

客家先民远离中原故土,在安身立命之所的宗祠、家庙、府第立匾,标榜祖先荣耀,昭示饮水思源、不忘根本的宗旨,反映客家人慎终追远、弘扬祖德、敦宗睦族的理念,具有强大的凝聚力,是维系后世子孙共创辉煌、同臻化境的精神纽带。

客家先民辗转迁徙,在艰难的环境中,族群的精诚团结与互助,对生存发展起了重要作用。客家人注重诚信义气、孝顺父母、友爱兄弟、勤俭持家、温良贤淑等传统美德,具有鲜明的儒家特色。圣旨旌表、贺庆祝寿、节孝廉义匾,彰显了客家以儒家思想为核心的社会行为总则。

客家匾额文化,是客家德行思想的传承载体。客家匾额彰显了客家文化中孝悌为先、亲善仁厚、勤俭治家、忠义两全、家训立德等优秀传统价值观和道德观。树德、立德思想,在客家匾额文化主题中占据主导地位。字里行间洋溢着爱国、爱乡、尊老爱幼、团结友善、勤劳节俭的道德追求,以及崇文重教、敬业诚信、扶贫济困、礼让宽容的价值取向,反映了古朴的社会伦理和道德观念,表达了客家人民向往和追求美好生活的良好愿景。

延伸阅读

赣南客家围屋上的匾额

赣南围屋是赣南客家人最典型、最成熟、最具特质的民居建筑。它承袭并发展了中华传统民居建筑的人文精神与营造技术,具有坚固耐用、内聚性强、防御功能完备、生活设施齐全等特点,被众多国内外专家誉为东方民居建筑的明珠、世界造型艺术的奇葩。

赣南客家围屋营造技艺是国家级非物质文化遗产代表性项目。赣南现存客家围屋约500座,留存着大量的客家匾额。

龙南关西新围为全国重点文物保护单位,位于龙南关西镇新围村,始建于清嘉庆三年(1798年),道光七年(1827年)落成。围屋平面呈正方形,占地7898平方米。

燕翼围为全国重点文物保护单位,位于龙南县杨村镇,因《诗经》"燕翼贻谋"而得名。清顺治七

◎关西围

◎燕翼围

年（1650年）始建，康熙十六年（1677年）落成。平面近似方形，围高四层，占地1367.55平方米。

东生围为全国重点文物保护单位，位于安远县镇岗乡老围村。始建于清道光二十二年（1842年），道光二十九年（1849年）落成，总占地面积达10763.2平方米，是赣南众多方型围屋中最大的一座。

四、国家级非遗项目：赣南客家匾额习俗

赣南客家匾额习俗随着北方士族迁徙至赣南而逐渐发展起来。自宋代以来，赣南客家匾额习俗久盛不衰。在赣南，尤其是在会昌、上犹等地，得到了较好的传承与发展，对教化乡里发挥了潜移默化的作用，形成了通过送匾、挂匾等活动表彰先进、树立榜样以教化乡里的客家传统习俗。客家先民崇文重教、敦宗睦族的客家文化特质，以及他们的嘉言懿行都在匾额习俗中得以代代相传，历久弥新。

2014年11月，赣南客家匾额习俗被列入第四批国家级非物质文化遗产代表性项目名录。经历了1000多年传承发展的匾额习俗，在新时代获得了新活力、被赋予了新内涵。

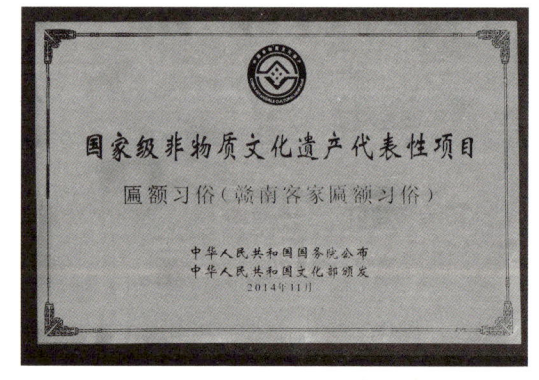

◎国家级非物质文化遗产代表性项目牌子

延伸阅读

活着的"国宝"——赣南客家匾额习俗

"衣冠南渡"后,赣南成为客家先民驻足的第一站。为了敦宗睦族、寻根问祖、凝聚宗族力量,赣南客家先民修建了规模不同或支系不同的姓氏宗祠、族祠,各种祠堂都有挂堂匾和其他匾额的习俗。

客家匾额文化的兴盛与客域乡村聚族而居的地理形态有关。宋元以来,客家先民扶老携幼来到南方闽粤赣山区,为了生存和发展,他们大多选择聚族而居,直到今天仍然存在各大姓聚居一村的现象。赣南客家匾额习俗在会昌等客家地区传承发展,活力无限。

客家匾额习俗是客家人在长期生产、生活过程中继承汉人中原匾额文化后,逐步形成的内涵丰富、样

◎会昌肖氏博士挂匾仪式

式固定的文化现象。在赣南客家民间,挂匾是一件极其严肃的大事。为此,各个姓氏家族对于挂匾都做出了相关的严格规定。从规制到仪式都有一套独特的程序,挂匾主要有申请、定匾、游匾、祭匾、挂匾、揭匾、办酒席等几个环节,场面十分隆重喜庆。

客家非遗

赣南客家文化以客家方言为标志,以口头传承的非物质文化遗产为载体,浸润了赣南奇山秀水的灵性,生成了多姿多彩的客家风情,造就了精湛绝伦的客家艺术。2013年1月,批准设立国家级客家文化(赣南)生态保护实验区,赣南客家文化生态保护上升为国家战略。

赣州市拥有人类非遗代表作名录1项,国家级非遗代表性项目13项,省级非遗代表性项目108项,市级非遗代表性项目327项,县级非遗代表性项目1524项;获认定国家级非遗代表性传承人8人、省级100人、市级309人、县级1147人。

赣州市国家级非物质文化遗产代表性项目名录

序号	项目名称	类型
国家级13项		
1	兴国山歌(Ⅱ-8)	传统音乐
2	唢呐艺术(于都唢呐公婆吹)(Ⅱ-37)	
3	狮舞(古陂蓆狮、犁狮)(Ⅲ-5)	传统舞蹈
4	采茶戏(赣南采茶戏)(Ⅳ-65)	传统戏剧
5	东河戏(Ⅳ-162)	
6	客家古文(Ⅴ-120)	曲艺
7	绿茶制作技艺(赣南客家擂茶制作技艺)(Ⅷ-148)	传统技艺
8	客家民居营造技艺(赣南客家围屋营造技艺)(Ⅷ-28)	
9	砚台制作技艺(石城砚制作技艺)(Ⅷ-133)	
10	灯会(石城灯会)(Ⅹ-81)	民俗
11	匾额习俗(赣南客家匾额习俗)(Ⅹ-151)	
12	传统服饰(赣南客家服饰)(Ⅹ-182)	
13	元宵节(赣南客家唱船习俗)(Ⅹ-71)	

第二章
源远流长的客家匾额习俗

　　记一段历史,讲一个故事。起于先秦,缘于中原,兴于唐宋,盛于明清。它体现了华夏文明,是客家习俗的约定俗成,是客家精神的生动载体和文化象征。它久负盛名,像是有根,扎在了客家人心中。

一、历史渊源

匾额是古建筑的有机组成部分。相传兴起于先秦，缘起于中原河洛文化发展，是中华文明的一种体现。历经2000余年沉淀与洗礼，成为我国传统文化中一个独具特色的分支。历史上曾出现"无处不匾""无门不匾"的盛况，几乎称得上"凡有井水饮处，皆能见匾额"。

客家的祖先无论怎样颠沛流离、辗转迁徙，始终都不忘根脉，不忘中原，非常重视祖籍和姓氏的历代继承，非常重视祖上取得的功名和荣耀，即所谓崇先报本。客家先民受到"万般皆下品，唯有读书高"的思想影响，非常重视教育和科举取士，推崇耕读文化，耕读为本、诗书持家，即所谓崇文重教。崇先报本、崇文重教是千百年来渗透在客家人血脉中的传统。

客家匾额习俗从形式上是由民间姓氏的"堂匾"习俗演变而来，内容上是随南迁的汉民由古代仕宦的"阀阅功状"演变而来，后发展为客家人共同尊崇和认可的，自成体系的一系列制作方式、行为礼仪和操作规范。

◎"彝训堂"匾　图源：《百匾大观》

延伸阅读

赣南客家匾额习俗的来源

"有院就有门，有门就有匾。"匾额意境文采讲究，书法篆刻精湛，内容言简意赅。在古代就有以"匾"来区分贵贱尊卑，以"匾"来褒扬良善的习俗。

客家匾额是一种文化生命的符号，象征着主人的品格与理想，有利于敦宗睦族、弘扬孝道和启迪后人、催人向上，更有利于维护家庭、宗族和整个社会的稳定，对乡村治理、乡风文明建设发挥了潜移默化的作用。

饮水思来源，情深似大海。客家人大门口、厅堂上悬挂的匾额，大都昭示着本门本户的光辉历史和高光时刻。客家人强调木本水源，注重崇先报本，通过建祠立庙、修谱续谱来表达对祖先的崇敬与感恩。这在客家祠堂、家庙和祖屋厅堂上高悬的匾额里，得以充分彰显。客家人具有崇文重教的优良传统。赣南客家方言里即有"不读诗书，有目无珠"的谚语。"一等人忠臣孝子，两件事读书耕田"被客家人奉为人生信条。由此，形成了"崇先根本、崇文重教"的客家精神。客家匾额是客家精神的生动载体和文化象征；客家精神是客家匾额的灵魂和根本。

会昌县是江西省赣州市管辖的一个"纯客县"，蕴藏着丰富的客家文化资源，赣南客家匾额习俗即是其中代表之一。赣南客家匾额习俗产生于客家人的生产和生活实践中，在继承中原匾额文化后，融合当地的风俗习惯，逐步形成了具有客家文化特色的内涵丰富、样式固定的一种独特的民俗文化现象，具有重要的社会价值、艺术价值和史料价值。

阀阅功状

阀阅就是门阀。在古代豪右（汉朝以右为上，豪门大族又称豪右），常常在大门两侧树立两根柱子，左边的叫"阀"，右边的叫"阅"。因为古人常用这个来标榜本户的功状，所以，"阀阅"又被视为做官人的标志。凡是世代为官的人家都可以叫作"阀阅"或"阀阅士族"。功状，指的是报告立功情况的文书。"阀阅功状"意思是古代贴在门上的立功奖状，也借指豪门巨室。

太史公司马迁在《高祖功臣侯者年表》中是这

◎会昌县洞头乡官丰黄氏匾额习俗活动

样记述的："太史公曰：古者人臣功有五品，以德立宗庙、定社稷曰勋，以言曰劳，用力曰功，明其等曰伐，积日曰阅。"大意是，古时候人臣的功绩可分为五等：依靠仁德安定国家的称"勋"，依靠出谋划策的称"劳"，借助武力的称"功"，明确功劳等级的称"伐"，凭借资历长短的称"阅"。简而言之，"阀阅"是用来榜贴功状，明确身份和地位的。后来演变成为仕宦之家的代名词，泛指门第、家世。

匾额没有"阀阅"隆重，却比"阀阅"简单、美观、实用。因此，匾额逐渐替代世宦人家表示豪门高弟的"阀阅功状"，飞入寻常百姓家。

二、发展演变

匾额作为我国传统民居的重要组成部分，往往代表着一个家族的荣耀。客家匾额具有装饰性且式样多变，表现了古代文化的价值观和审美观。一眼望去，从匾额上的寥寥数字，就能看出这个家族的门第层次、道德修养、思想情感、处世哲学、精神寄托以及对未来的追求。

匾额在产生的初始阶段只具有标名的实用功能，后来逐渐加以美化，将汉字优美的造型、特别的意义与美好的追求巧妙地融合在一起。在后来的发展过程中，融合各地的风俗习惯，逐渐发展为我国独有的匾额习俗文化。客家匾额习俗从产生初始作为标识使用，到由统治者划分等级统一规范其制作和规格，并使其具有教化作用，形成一定的规制，经历了一个长期的演化过程。

匾额的制作流程是民间综合性技艺的展示，它历经长期的积累与演变，形成了融辞赋诗文、书法雕刻、绘画篆印等多种艺术形式于一身的特点，是中国文辞之美与工艺之美的结合。匾额习俗是一种独特的民俗文化，以宣扬礼教，标榜功德，倡导良好民风，维护封建伦理纲常为主要功能，体现官方和民间对乡村社会行为与道德规范的认可。

匾额习俗面向普通民众，贴近民众生活，口耳相传，言传身教，成为影响城乡生产生活的民俗活动，是一份珍贵的非物质文化遗产。在民间，祠堂上悬挂的匾额，往往成为该姓氏家族的一种荣耀，成为具有治理和教化功能的主要载体。在历代官方与民间乡绅的共同努力下，利用匾额习俗文化，推进了乡村治理与民风教化。

延伸阅读

匾额与匾额习俗的流变

在几千年的文明发展过程中，那些封建帝王的宫殿和官邸，庙堂寺院的门额宣示等大量采用了匾额的形式。早在汉高祖六年（公元前201年），萧何即题写匾额"苍龙""白虎"；到唐朝时期，颜真卿在《乞御书天下放生池碑额表》中记载"兼乞御书题额，以光扬不朽"；直到宋代，在《清明上河图》

等画面资料上,已可见不少商铺匾额,其制式、内容、书体、色彩可谓详备。到了明清时期,匾额更为兴盛,形制各异。在朝廷钦定各地方志的修撰中都出现匾额的记录,匾额也慢慢地具有了礼仪规范承载和伦理观念传递的功能。清代的匾额见诸各种文字记载,如曹雪芹的小说《红楼梦》,李渔的《闲情偶记》等。伴随着大量的匾额图片涌现,开创了匾额文化的鼎盛局面。

有一段时期,全国除少数文博宗教场所外,大部分匾额下撤,部分实物也在社会变革中遭到遗弃和破坏。绝大部分匾额实物遭到毁损,匾额文化受到重大摧残。

改革开放后,匾额重回到人民的生活中,这一古老的艺术形式逐步得到恢复,并随着社会经济文化的进步得以进一步发展。书法艺术的普及也使匾额的书写更加多样化,由原来的正楷"一统天下",变为"兼收并用",并由此派生出了新的艺术形式——"刻字"艺术,各种新材料新工具新技术的应用,使匾额更为多样、更为简单,渐而成为一种文化时尚。

◎会昌县白鹅乡中心村肖氏匾额习俗活动

随着科技的发展，传统意义上的匾额书法创作已日见式微，取而代之的是缺少艺术个性和审美情趣的电脑制作的"书法体"。这样制作出的匾额缺乏深厚的文化内涵，与匾额书法的"艺术创作"不可同日而语。因为大家、名家或书法家题写的匾额，往往记录了一段历史，积淀了深厚的文化底蕴。

匾额习俗与匾额的流变相生相伴，息息相关。赣南客家匾额习俗既传承了中国匾额文化特色，同时又和赣南地区当地的文化艺术相融合，扎根在了赣南土壤中。

新时代如何对匾额习俗类传统文化进行创造性转化和创新性发展，如何守住传统文化的根，做到古为今用、薪火相传，如何发扬客家匾额习俗培根铸魂、立德树人的正向作用，是需要我们长期思考和研究的话题。

延伸阅读

上犹客家门匾习俗

门匾往往记载着一段历史，叙述着一个故事，表达着房主的理念，并随着家族的繁衍而世代相传。2006年，上犹客家门匾习俗被列入江西省第一批省级非物质文化遗产代表性项目名录。

上犹县80%的居民都保留着客家门匾习俗。这个习俗的形成源于一段特殊的历史。明末清初，从闽、粤迁徙来上犹的客家人经历了与原居住民进行土地争夺的长期争斗和战乱，为了化解仇恨，当时官府强制促成原居住民和客家人通过联姻的形式逐渐达到和解与融合。客家人建了住房之后，为表明已经在这块土地上立基、扎根，为彰显宗族门第、教化子孙、塑正门风，他们从传统文化中吸取精华，把能反映姓氏渊源和先辈德行的故事、典籍浓缩成四个字，并采用石刻、雕筑或在墙上书写的方式绘制到住房的大门额上。

客家门匾一般由四字组成，前两个字以其家族堂号、郡望地、名言、格语、警句为主要内容，它传递着家族的风尚和荣耀，如清河、越国、清白等；后两字表达其愿望，寄托着后辈弘扬祖上的好家风、好品德和希望家族世代兴旺的美好愿望，如传芳、遗风、衍庆等。

上犹客家门匾具有丰富的内涵：一是上犹客家门匾以其精妙的书法、美术与建筑融为一体，表现了其庄重典雅而和谐的氛围，表明这是一座有文化品位的客家住居；二是上犹客家门匾的郡望、堂号类题词，表示该家族有着深远的历史渊源和辉煌的过去；三是上犹客家门匾的先人业绩题词，追忆了先人在历史上所表现出来的才华、品质和贡献，是对先人功德的展示、保存、崇拜与效法；四是上犹客家门匾的传统通用门匾题词（如祖德流芳、友恭传芳、忠孝传家、积善余庆等）与现代题词（如湖海搏鹏、拓业颖峰、科技兴家、兴旺发达等）表达了客家人在继承客家先辈精神及民族优秀文化的基础上,继往开来、昂扬奋发、建设家园的美好愿望与决心。

上犹客家门匾习俗主要有五个特点。一是分布地域广:在上犹,有人家的地方就有门匾,不论是深山旮旯还是盆地,不论是农村还是城镇。二是使用人数多:现在至少有20万人的房子还保留着门匾。三是文化内涵丰富:门匾题词通过地名、人名、作品、文章、言论、事件、品行等,标示了各姓客家人繁衍发展过程中值得书写与记忆的辉煌历史。四是门匾题词中所涉及的人物、事件

◎上犹客家门匾图片集　图源:《赣州非遗大典》

时间悠久，范围宽广。五是门匾的承载体是住房，观念文化与建筑融为一体，物质家园与精神家园融为一体。

目前，上犹县14个乡镇，130多个村，180多个常住姓氏里有160个姓氏保留有固定的门匾题词。全县乡村现有门匾题词4万副以上，对研究家族史、客家迁徙史和民族史以及客家文化的演变过程有着十分重要的史料价值和科学价值。（参考吕泽庆编著《上犹客家门匾习俗》）

匾额与楹联

中国的匾额文化历史悠久，其发展与楹联具有密不可分的联系。匾的产生早于楹联，楹联产生之后，匾额作为楹联的点题或横批，与楹联相结合，成为古代文化的重要部分，备受文人墨客推崇。简单说来，横着的叫匾额或牌匾，竖着的叫对联，或抱柱"瓦联"。

牌匾，是悬挂在建筑物门楣或墙上的题字方形牌。或标榜名号，或歌功颂德，或明志勉励，或警示后人，不一而足。往往与楹联结合而相得益彰，是中华民族传统文化的重要载体和标志。

三、分门别类

客家匾额历史悠久，寓意深远，大都突出爱国、孝悌、劝学、教子、忠贞等中国传统文化主题，镌刻着鲜明的时代特征和历史印迹。虽历尽岁月沧桑，但在今天的客家大地上仍能随处见到，欣赏端庄文雅、意味深长的匾额，妙趣横生、美不胜收。客家匾额的形式多样、品类繁多，是中国传统匾额文化和匾额习俗的杰出代表。

一般说来，传统客家匾额所有品类的取向、展现形式、题写字迹都具有唯一性、独特性、指向性，即一事一匾，一人一匾，一家一匾，一楼一匾，一宇一匾，一阁一匾，等等。无论是科举匾、堂匾、寿匾，还是贞节匾、书房匾、表彰匾等，都可谓是"私人订制"，独家尊享。

按照内容、材质、样式等不同方面划分，客家匾额主要分为以下类别。

（一）按内容来划分，传统的客家匾额主要有堂匾、功德匾、寿匾三大类。

堂匾一般体型较大，以长方形居多，字体较粗犷，匾饰相对简洁，主要突出"某某堂"的标识功能。

功德匾是中国古代科举制度的见证与缩影，充分体现了客家人崇文重教、耕读为本的精神。

寿匾大小不一、形制多样，讲究书法、图案、印、雕、色等多种艺术形式的结合。

◎ 堂匾：玉成堂（位于会昌周田镇小田村） 图源：《百匾大观》

◎ 功德匾：光直世表 图源：《百匾大观》

◎ 寿匾：椿树长荣 图源：《百匾大观》

延伸阅读

会昌县"百匾堂"的匾额分类

会昌县将匾额分为善德名望匾、科举功名匾、慈贤节孝匾、祠堂宅第匾和寿辰祝福匾等五种类型来释读，并分门别类，集中收藏100方匾于"百匾堂"，以更简捷、更明了地接近民间匾额文化。

善德名望匾。明清时期，封建朝廷的各级官员对地方上的乡绅和有善德于民的人赠以匾额以示褒奖，用题赠匾额来表扬和彰显民间乡村的人或事，是封建统治者宣扬教化、树立典型和显示恩宠的一种重要形式。如"德溥乡邦"匾，系国民党高级将领何应钦为会昌乡绅周鸣鹤题赠。这类匾额在客观上起到了净化民风、维护与强化民间士绅在乡村治理等方面的作用。

科举功名匾。科举制度在中国实行了1300余年，长期影响着地方政治、教育、士风和文化。士子们对功名的追求，使得读书在会昌这样的偏僻地区逐渐成为风尚，文化知识在广大乡村得到了一定程度的普及和提高。如"青衿继美"匾，系清光绪二十二年（1896年）江西省学政黄卓元所题；"选拔"匾，系清道光年间太子太保、一品大员许乃普所题。

慈贤节孝匾。明清封建统治阶级在对儒家传统文化熏陶的"贤母"型母亲进行旌表的同时，大力倡导"节孝"，制匾以宣扬，尤其对那些在丈夫去世后能坚强地面对生活，深明大义，以自己的言行来训励儿女成材的女性进行广泛宣传，使人们对这些母亲充满崇敬。如刘跃云题的"仉母嗣芳"匾、汪廷珍题的"陶柳母范"匾、张祥奕题的"有敬姜风"匾等，体现了传统母训文化在民间的深远影响。

祠堂宅第匾。明清以来，会昌城乡可谓宗祠林立，遍布全县每个村落，每个姓氏族群都有自己的大小祠堂，每座祠堂都有堂号。堂号匾不仅成为家族源流世系、族属、支派的标记，还是后人寻根问祖、弘扬祖德的重要依据。

寿辰祝福匾。尊老优老是中华民族的优良传统，相关匾额也是民间最常见、数量最多的匾额。会昌百匾堂的祝寿匾额数量即占总匾额的一半。如清同治年间吏部尚书许庚身题的"婺跃芹宫"匾；同治七年（1868年）状元、晚清外交家洪钧为会昌乡绅萧景胜夫妇题的"齐眉昌后"匾等。（参考《百匾大观——会昌百匾堂百匾考释》）

（二）按匾文功能来划分，可分为官署门第类、官家类、功德声望类、贞节贤孝类、寺庙宗祠类、楼阁殿堂、书斋堂号类、婚喜寿庆匾类、医德教泽类以及绘景抒情类。

◎善德名望匾：德溥乡邦　图源：《百匾大观》

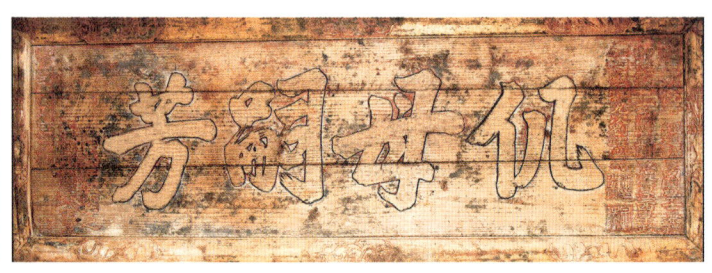

◎慈贤节孝匾：仇母嗣芳　图源：《百匾大观》

◎科举功名匾：选拔　图源：《百匾大观》

◎祠堂宅第匾：明德堂　图源：《百匾大观》

◎科举功名匾：桥门俊伟　图源：《品藏匾额》

◎寿辰祝福匾：齐眉昌后　图源：《百匾大观》

（三）按材质来划分，匾额一般分为木质、石材和金属三种，还有少量的琉璃匾、瓷匾、丝织匾、纸匾、竹匾等。

◎门楼匾额：通天岩

◎福建连城明清牌匾陈列馆

◎阁楼建筑的阁楼类匾：八境台

延伸阅读

匾额的材质

匾额以木质居多，石材和金属的较为少见。

木质的匾额，是古代延续至今的最主要形式，既大气美观，又儒雅大方，而且可塑性比较好，方便雕刻，且可对具体的字体自行调节。木质材料一般用松木，或用细致易刻的椴木，性价比高，不易变形，耐腐蚀。有时，根据需要也有用榉木、香樟木等高档木材的。木材取材上至花梨、鸡翅等高档硬木，下至白松、平柳木不等。使用传统木料刻制匾额，有着严格的工艺要求，必须做到不开裂不变

◎书院内外的书斋类匾额：赣州阳明书院

形，以保证长期稳定性。

近年来，新型的复合板材如密度板、插接木等，因为质地稳定、经济易得而逐步得到认可，大量用于匾额制作。

石质匾额多选用细致易刻的石灰岩，因其坚硬笨重，除特殊场合外，一般已很少采用。

金属材料比较少见，它打造的是一种科技感和未来感，多见于一些科技馆。

此外，还有选用塑料泡沫、玻璃、亚克力吸塑灯箱等制作牌匾的。当然，还有一些小众的琉璃匾、瓷匾等。

◎福建连城明清牌匾陈列馆匾额

◎山西太原柳子沟溯源石匾额

◎葛原生制作的琉璃匾额

◎店铺招牌匾额

（四）按官方和民间来划分，匾额可分官匾和民匾。官匾出现得较早，民匾则到唐末才开始出现。因内容的不同，称谓也有区别。挂在朝堂、府衙称官匾；挂在民间院户门头，称门额。

官匾，常见的如知府县衙匾："光明正大""清正廉明"匾。此外，还有寺庙牌匾，是在寺庙建成后，皇帝御赐或地方官员赐予的牌匾。

民匾，常见的为府第堂号匾：杨姓的"四知堂"匾、潘姓的"荥阳世泽"匾等。祝寿匾是民匾的重要组成部分，也有祝寿屏，这些寿匾通常写着"花甲齐眉""稀龄鸿案""杖朝硕望"等匾词。

◎堂号匾：德馨堂（赖氏） 图源：《百匾大观》

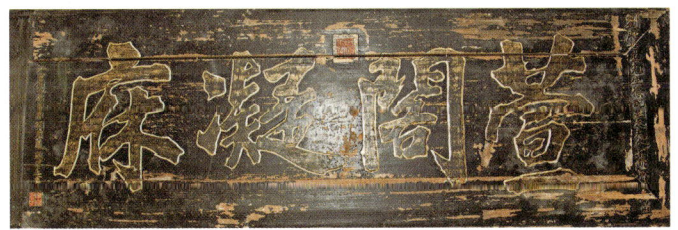

◎祝寿匾：萱阁凝庥 图源：《百匾大观》

（五）按样式来划分，传统的匾额一般分为横匾和竖匾。竖匾为早期匾额的主要形式，形状为长方形，也有近于方形的。晚期匾额多为横式。

悬挂在建筑物主要出入口上方和室内堂壁上的匾额题字牌，最常见的有矩形横挂、矩形竖挂和方形三种形式。

此外，还有书卷型，蕉叶型和扇形等小件式匾额，多散见于园林亭廊、洞门、书斋小室和民居寓舍之中。

◎扇形匾

◎竖匾："奉旨旌表节孝"匾

◎"积善有庆"匾，道光二十九年（1849年）李本仁题

◎书卷匾："椿茂萱荣"，宣统元年（1909年）立

延伸阅读

李渔的《闲情偶寄》论匾额

在清代李渔的《闲情偶寄·联匾第四》中，关于匾的形状就有明确的记载："（手卷额）与寻常匾式无异，止增圆木二条，缀于额之两旁，若轴心然。""（册页匾）用方板四块，尺寸相同，其后以木绾之。断而使续，势取乎曲，然勿太曲。边画锦纹，亦像装潢之色。""（秋叶匾）御沟题红，千古佳事；取以制匾，亦觉有情。但制红叶与制绿蕉有异：蕉叶可大，红叶宜小；匾取其横，联妙在直。是亦不可不知也。"

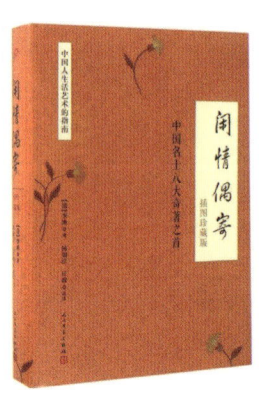

李渔不仅详细地记载了匾额的形状、制作方式，甚至将每种匾额的优缺点或者题写、应用时的注意事项都一一道来。由此可见，前人已经对匾额的形制有了很深的了解和研究。时至今日，我们现在的匾额，仍然沿用着这样的形式。

小贴士

各式各样的匾额

随着建筑、地势、景物及人们审美的变化，匾额的形状也愈来愈丰富多彩，衍生出手卷匾、荷叶匾、蝙蝠匾、秋叶匾、虚白匾和册页匾等多种形式。这些匾额造型优美、书卷气浓，多用于园林、亭榭和书斋，很受文人雅士的青睐。

方形匾简洁大方、端庄稳定，广泛应用于各种场合，此类匾周边常配有汉纹边式、龙纹等图案，以显雍容高贵。

陛匾多用在与皇帝、天地、神道相关的相对庄严的场所（如故宫的端门），其形状像一个倾斜的斗形，四边常配有蟠龙或云头纹图案，代表着驾级的森严，高高悬挂，威不可犯，旧时民间不得采用。

卷书匾像展开的书卷，独特的形制、独特的效果，多书以平和教化的内容（如故宫的"和神茂豫"匾），为世代文人所钟爱。

蝠形匾，像一只展翅的蝙蝠，因其谐音"福"字而在各类园林等相对悠闲的场所张挂（如"丹楼映日"匾），如今则更广泛地走向民间、园林、餐饮等场所。

随形匾，更多的是因材施制，反映了当代人的审美趣味，为匾额中的新潮，其形制又多与刻字和装潢等艺术结合，受到年青一代的推崇。

◎方形匾

◎陡匾

◎卷书匾

◎蝠形匾

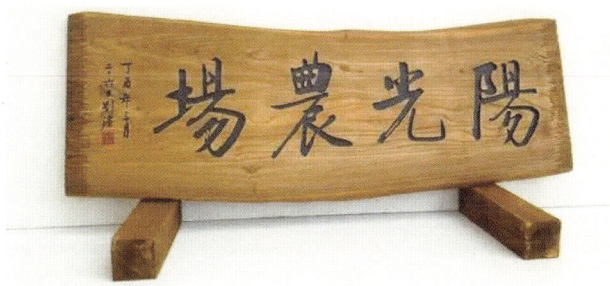

◎随形匾

（六）根据悬挂空间，可分为室外匾和室内匾。

室外匾一般悬挂于建筑物门前，内容多为建筑物的名称，比如"翠竹祠""通天岩"等。

室内匾则悬于建筑物内部正上方，若有两块及两块以上，也可悬于旁边墙上。

◎室外匾

◎室内匾

（七）按地域来划分，可分为南方匾额和北方匾额。南方匾额形制有别于北方匾额的粗犷厚重，多数狭长轻便，部分形状如展开的书卷或扇面。南方匾额纹饰雕刻精美，加之南方独特的气候，色彩保存较好。

从匾额的边框来区分，纹饰简单的多是北方匾额，纹饰复杂的多是南方匾额。

◎北方匾额

◎南方匾额

（八）按匾文的外形装饰来划分，可分为有框匾和无框匾。有框匾额的边框又分素平、雕刻与描金。

匾额一般都雕有纹饰边框，也有的不雕刻花纹，只是把砖框磨琢得极光滑、极细腻，给人一种朴素大方之感。加边框的主要目的是用来提升匾额的美观性。框内由青方砖拼合组成，大都雕刻有文字。

小贴士

上犹县"客家门匾"的种类

上犹客家门匾习俗按旌表、科举、功名、寿庆、堂号、民俗等门类，大致分成5大类16小类。

第一大类：以姓氏来源为内容。

第二大类：以姓氏先辈的祖居地、迁徙经过地、郡望为内容。

第三大类：以姓氏堂号为内容。

第四大类：以姓氏先辈、公头、历史名人的有关信息为内容。包括：以名人的字号或誉称为题；以名人的工作地、隐居地为题；以名人的官称爵号为题；以名人的任职殿阁、职务为题；以名人传说为题；以名人的品德涵养为题；以名人的才华业绩为题；以名人的言论著作为题。

第五大类：以房主的有关信息及其理念为内容。包括：以名人事件为题，以知足自励理念为题，以传统古训为题，以赞誉当世为题，以憧憬未来为题。

（参考吕庆泽编著《上犹客家门匾习俗》）

◎有框匾　　　　　　　　◎无框匾

第三章
精彩纷呈的客家匾额习俗活动

　　你的言行，你的价值，成为一块匾，挂在了墙上，也挂在众人的心上。它历久弥新、代代相传；它启迪后人、催人向上；它表彰先进、树立榜样。"百匾堂"的匾，带着向上向善的内涵，影响深远。

客家匾额习俗弘扬了崇文重教、崇先报本的客家文化精神,传承了博大精深、敦宗睦族的匾额文化特质,在传承中发展,在发展中创新,嘉言懿行和中华优秀传统文化在匾额习俗中一脉相传,在客家的山山水水和村村寨寨中绵延永续。

客家匾额习俗作为一种生活技艺习俗,形成了一定的规章制度和表现形式,在客家聚集地广为流传,逐渐成为一种官方与民间共建、汉民族与少数民族共享的风俗习惯。

因为匾额巧夺天工,充满了生活智慧和人生哲思,故在民众的生活中广泛流传,引为风尚。在高台殿堂、深宅庭院、通幽园林等建筑,在新厅落成、寺庙开光、乡贤中举、长者寿庆、歌功颂德等场合,在各色各样的迎来送往、庆贺活动中,赠送、悬挂匾额倍受推崇,象征着高规格的礼遇,民众无不以此为荣耀。在历史文化街区、祠堂寺庙、书院楼阁,或在重修、复建的历史建筑、名胜古迹等处,匾额都是不可或缺的存在,彰显着文化的传承和人文的厚重。

客家匾额习俗的形成和发展与当地的社会文化有很大的关联,是特定历史时期社会文明、乡风流变、社情民意的集中呈现。赣南客家匾额习俗的传承和发展,不仅仅体现在匾额形式、文字内容上的传承发展,还是文明风尚、地方文化传承的集中体现。

◎会昌县白鹅水东郭氏挂匾仪式

客家匾额习俗在当代客家社会依然在延续，不论相关机构，还是宗族家庭，都会通过送匾的形式弘扬社会新风。对热心于公益事业、对家族事业做出突出贡献或学有所成等有重大业绩者，宗族理事会都通过赠送匾额的形式给予隆重表彰。此外，在客家姓氏接谱、宗祠修缮落成等重大活动中，邻里姓氏和外地宗亲也会赠送匾额以示庆贺。由此可见，匾额文化已深深地融入客家人生活中，客家匾额习俗成为一种联系过去、现在、未来的生活方式。

然而，不容否认，随着社会现代化进程的不断加快，客家匾额习俗逐渐步入濒危状态，主要表现为老一辈传承人多年逾古稀，有的迫于生计而改行，而年轻一代对制匾技艺、传承礼俗缺少兴趣，客家匾额习俗技艺传承面临着后继乏人的危险境地。

因此，保护匾额习俗已是迫在眉睫、刻不容缓，这不仅是继承民族优秀传统文化的需要，更是弘扬民族精神、铸牢中华民族共同体意识的需要。赣南客家匾额习俗亟待在新征程上，加强传承发展，绽放出新时代的更加迷人的光彩。

延伸阅读

匾额的款识

客家匾额的题写款识，有一定规范。包括上款、下款和印章。上下款的内容主要包括：题匾者、受匾者、立匾者、印章、年月日等。

完整的一方匾额由款识和题词组成。款识是鉴别匾额年代和历史的重要依据。款识分为上款、下款。

上款通常记载了题匾人的信息。有的上款还钤上了题匾人的印章。

下款通常记载了受匾者和挂匾时间。受匾者即接受匾额之人；挂匾时间一般载于立匾人之后。（参考石禄生编著《匾额品藏》）

延伸阅读

会昌县抗美援朝老兵获赠"族之典范"匾

"雄赳赳，气昂昂，跨过鸭绿江，保和平，卫祖国，就是保家乡。"1953年，19岁的郑兆林响应国家的号召，雄赳赳气昂昂跨过鸭绿江，抗美援朝，保家卫国，成为一名通信兵。

打得最壮烈的就是上甘岭战役，在零下40多摄氏度的雪地里，不能生火做饭，战士们饿了就吃备好的炒面粉，渴了就在雪地里面抓起一把雪，往嘴巴里面塞。

作为一名通信兵，通信设备比生命更重要，敌人在不断地轰炸，身边的战友在一个一个地倒下，倒下一个，另一个再顶上去，连长牺牲了，指导员再顶上去，电话线被一次又一次炸断，郑兆林只能拉起电话线的两端，用身体重新把电话线接上，保障了部队的通讯畅通。就这样，郑兆林历经了悲壮

◎ "族之典范"匾（郑兆林）

◎ "淑德贤良"匾

的48个月，为祖国立下了汗马功劳。

复员回家以后，郑兆林在村里面工作了十几年，他自己省吃俭用，一直住在老房子里面。但是在2020年疫情来临的时候，他一次性就捐献了10600元，帮助当地共渡难关。为了表彰他保家卫国和无私奉献的精神，郑氏家族理事会授予了他一块"族之典范"匾额，并举行了隆重的挂匾仪式。

郑兆林是郑氏家族和会昌人民学习的榜样，如今90岁的他依然身体硬朗，他是最可爱的人、人民的子弟兵、真正的典范。

延伸阅读

"最美会昌人"肖运娇获赠"淑德贤良"匾

在江西省会昌县周田镇有这么一位女子，她叫肖运娇，她的婆婆患有严重的老年痴呆症，进医院做了6次手术，出来以后下半身瘫痪，还不能自主地吞咽。作为儿媳妇的她只能去找那种特制的鼻饲管，通过鼻子喂她吃"饭"。

十年如一日，肖运娇坚持照顾重病缠身的婆婆，给她擦洗身体，像哄小孩一样哄她吃药。家族理事会为了表彰这种敬老孝亲、勤俭持家的美德，专门为她举行了隆重的挂匾仪式，授予她"淑德贤良"匾，弘扬这位"最美会昌人"的精神。

一、题匾

客家匾额向来注重题字书法的艺术性和题额者的地位，以提高悬挂匾额场所的声誉，彰显美誉度和影响力。题匾人的身份是匾额文化的主要亮点。

综合看来，古时为客家匾额题字的，主要是当时的达官显贵、社会名流和书法大家，其中既有进士如状元、探花、榜眼、解元等，也有六部尚书等各级官员。

匾额的右部一般描述的是题匾人的情况，通常文字较为简洁，言简意赅。

现在留存于客家地区的匾额，分为明匾、清匾、民国匾和现代匾四种，不论何种时期的匾额，大都书法遒劲、文字飘逸，制作精妙、雅俗共赏，使浓厚的中国风和客家情相得益彰，浸润于一方匾额中，熠熠生辉，妙不可言。

延伸阅读

各种阶层的题匾人

自古以来，匾额就有请托名世之士题写的传统，呈现出浓厚的仰慕名人的社会文化心理。上至帝王将相，下至闻名于世的文人墨客都曾参与匾额的题写。知名人士为世人尊崇、仰慕，他们的社会影响力具有良好的传播效应。悬挂于公共场所的匾额直观可见，更贴近百姓生活，且鲜活有趣，拥有不可比拟的影响力。

据说，乾隆登基后的第一块匾，是赐予山东按察使黄叔琳的，因黄母吴氏年近九十，故赐"德门寿母"额。在乾隆在位的六十年中，凡朝臣七十寿诞，要员父母八十、九十高寿，乾隆都不忘题匾赐匾以彰庆贺。乾隆的做法深深影响了嘉庆、道光、咸丰、同治等多位皇帝，使得老人祝寿匾在清代成为一时风尚，至今仍有大量实物留存。

20世纪初期，京城匾额的书写者除了恪守传统的前清翰林之外，还有政界要员、社会名流和知名书法家等，如李鸿章、梁启超、吴昌硕、康有为、徐世昌、吴佩孚、郑孝胥、黄宾虹、张伯英、曾国藩、张大千等人。

◎郭沫若题写匾额"荣宝斋"

随着社会变迁，题匾不再仅以权贵政要为荣，社会名流、文化名人、学者与书画家日渐成为匾额题写者的主体。20世纪中期以后，京城匾额的书写者多为现代文人和书法名家，如郭沫若、赵朴初、邓拓、舒同、李可染、吴作人、溥杰、启功、刘炳森、王遐举、欧阳中石等。

小贴士

百匾堂题匾人的身份考查

根据会昌县百匾堂题匾人身份考查，按科举功名划分：既有状元、榜眼、探花及一般进士，也有举人、贡生、监生及普通生员。其中有明清状元2人，榜眼6人，探花2人，进士31人，举人20人，

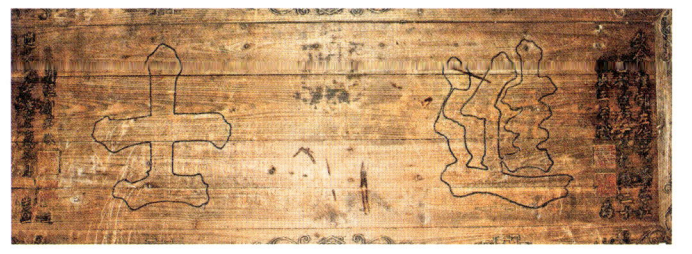

◎功名匾：进士，题匾人：清朝大臣王宗诚　图源：《百匾大观》

贡生18人，清末留学生6人，清末民初专科学校毕业生5人，其他10人。

按题匾人任职品级划分，则从朝廷的一品、二品大员到七品知县、县学教谕、训导乃至普通士子都有。其中一品官员7人，二品官员15人，三品官员5人，四品以下61人，其他12人。这些现象充分体现了官方与民间社会对匾额习俗的互动和认同。（参考《百匾大观——会昌百匾堂百匾考释》）

款识纪年用语

一、匾额年份的使用

1. 天干纪年法：天干和地支的合称，人们将十天干与十二地支相互配合，以每两个字成为一个数，用以纪年。如"甲子""乙丑"等。

2. 年号纪年法：封建帝王继位后颁布的新年号。如清代"康熙三十年""雍正十二年"等。

3. 皇帝年号纪年加上干支纪年的方法。如：在清代的匾额中，常看到"乾隆三十二年丁亥岁""嘉庆十二年丁卯岁"等。

二、月份的使用常识

1. 地支纪月法。
2. 时节纪月法。
3. 用一些文学化的代称。
4. 直接指出月份。

三、纪日使用方法

1. 干支纪日法，即夏历。
2. 序数纪日法，如："廿五日""初一日"等。
3. 节气纪日法，如："立春""雨水"等。
4. "三浣纪日"法，即上浣、中浣、下浣（对应上旬、中旬、下旬）。

另外在匾额中常用"穀旦"和"吉旦"。"穀旦"指的是"吉利的日子"，"吉旦"表示农历每月的"初一日"。（参考石禄生编著《匾额品藏》）

匾额中常用的月份别称

四时	月份	月份（农历）别称		
		地支	时节	其他别称
春	一月	寅月	孟春	元月、端月、夏正月、春王月
	二月	卯月	仲春	杏月、花朝月、丽月、如月、竹秋月
	三月	辰月	季春	桃月、桐月、蚕月、暮春月
夏	四月	巳月	孟夏	梅月、乾月、余月、槐月、清和月、麦秋月
	五月	午月	仲夏	蒲月、榴月、炎月、恶月、厉皋月
	六月	未月	季夏	荷月、遁月、荔月、长夏月、且(jū)月
秋	七月	申月	孟秋	兰月、巧月、相月、首秋月
	八月	酉月	仲秋	桂月、壮月、中秋月、端正月
	九月	戌月	季秋	菊月、暮秋月、咏月、巧月、玄月

续表

四时	月份	月份（农历）别称		
		地支	时节	其他别称
冬	十月	亥月	孟冬	良月、小阳春、小春月、阳月
	十一月	子月	仲冬	葭月、畅月、寒月、复月、一阳月
	十二月	丑月	季冬	腊月、严月、冰月、残月、嘉平月

二、印章

印章是鉴定题匾者身份的重要佐证，它与上下款遥相呼应，互为印证，也是鉴别匾额的依据之一。一般而言，邀请社会名流题字牌匾，姓名印章是必不可少的。

早期的印章没有多大区别，一直到秦始皇时期，印章的名称及制作材料才发生变化，秦始皇印章专用"玺"，区别与他人的"印"或者"章"。今天我们看到的钤印几乎都是方正的样式，就是始于秦始皇。秦以后历朝历代，印章也有不少转变，逐渐演变成为一种身份、名字的符号，乃至实用意义演变为篆刻艺术。

印章是古代文人流传至今的一种彰显自我风格的方式。古代印章以独特的风貌和高度的艺术性，为篆刻艺术奠定了优良的基础，是古代人们在交往时，作为权力和凭证的信物。此外，吉语印、肖形印等，也反映了古代的社会生活习俗和人们的思想意识。印章的篆刻文字大抵分为"大篆""小篆"，这两种字体结构独特，呈现在方正固定的印章上，更有艺术观赏性。

匾额印章的位置一般是在题匾者名字的旁边或下面，也有部分匾额的印章是在匾文正中央偏上方。

故宫为明清时代的建筑，故宫匾额上的钤印，为清时题署，清朝印章只有皇帝的印章称为"玺"或"宝"。三希堂匾额，钤印的位置居于正中顶部，这是皇帝题署的钤印，表示至高无上。与此不同的是，在寺院匾额题署，则居于左上顶部，空出正中顶部表示对佛的敬重。

◎"三希堂"匾

◎"萃文阁"匾

一般人的题署位置，多在匾额的左下角，亦有表示自谦，题署在传统意义上最卑微的右下角位置的。

古代有一整套印章制度，约束于封建等级制度，印章的称号、钤印的位置要严格遵守，不可逾越，否则将被视为以下犯上。

◎"急公好义"匾

三、授匾

匾额文化历经2000多年的沉淀与打磨，成为我国传统文化中一个自成体系的分支。随着其功能的不断演化，逐渐衍生成民间旌表制度，成为一种不断延续的激励机制。《汉书》中就有记载，民间有一些乐善好施、急公好义的人士，朝廷会给他们发匾，作为精神奖励，借此维系着一种社会表彰制度。

古代的贵族、高宦、功臣、名士，都以能获得官府或皇上的匾额为一种很高的荣誉，是一种展现权势的资本，是标榜本家族辉煌的实证，集中表现了古人的价值取向和审美情趣。寓意深刻的匾额，不仅是家族的光荣，能够泽被后代，还可以成为一个地区的光荣，以至"世德流馨""世德流芳"。那些曾经或依然耸立在亭台楼阁下的匾额，那些曾经或依然悬挂在祠堂寺庙里的牌匾，至今仍散发着当年帝王将相、文人墨客的意气风发和书卷幽香，依然在激励或鞭策着后人不忘荣光、奋力前行。

1. 扁表

在封建社会，对那些维护封建伦理道德、整治规范政绩显著者，多被赏赐匾额以示表彰，称为"扁表"。

《后汉书·百官志》里说："三老掌教化。凡有孝子顺孙贞女义妇，让财救患，及学士为民法式者，皆扁表其门，以兴善行。"获得官府或百姓的扁表是一种很高的荣誉。如岳王庙的"还我河山"匾，老百姓赠给海瑞的"海青天"匾。如于成龙因清贫节

◎岳王庙的"还我河山"匾

俭、尽力为民，三次获颁"卓异"牌匾（清代一般官员可得的最高荣誉）。

北宋抗辽名将杨业一家世代忠良，忠心报国，宋太宗赵光义赐金五百万敕建一座"清风无佞天波滴水楼"，并亲笔御书"天波杨府"匾额，下旨满朝官员凡从天波府门前经过，文官落轿、武官下马，以示对杨家的敬仰。

延伸阅读

正德皇帝题写"威武克振"匾

江西省南康区坪市乡谭邦村，有一座明朝皇帝赏赐建造的古城——谭邦城。谭邦城始建于明正德十三年（1518年），距今已有500余年历史。

这座古城，在赣南也被称为"明代最后的村落"。据谭氏族谱记载，明正德六年（1511年），谭氏乔彻公追随王阳明平定桶冈、横水等地乱军，并协助王阳明建立崇义县治。谭乔彻功绩卓著，但不肯随王阳明回京受赏，恳请回谭邦村养老。王阳明上书朝廷请求犒赏谭乔彻，明武宗朱厚照准奏，封谭乔彻为"威武大将军"，御书"威武克振"匾相赠，并敕赐建造谭邦城。于是，谭乔彻召集族人，募集资金，请来数百名工匠，开山劈石，垒墙建城，历时数载，建成了这座气势非凡的石头城。

谭邦城坐落在莲花山下，玉带状的谭邦河由西北至东南绕古城而出。古城面积约1万平方米，鼎盛时期曾有近千名谭姓族人在此居住。

清乾隆年间，谭邦城还出了一个不平凡的女子谭开姑。她从小聪慧，读书明理，好摹字帖，笔书秀逸端正，字如其人。端庄贤淑的谭开姑成人后，父母为其择配一名钟姓男子并订下婚约，没想到，未及嫁过去，男人先过世。她竟不肯另嫁，情愿在父母身边奉守一生。母亲过世一年后，某日，谭开姑"沐浴整衣而逝"，安详至极，时年52岁。谭氏族人感于开姑的贞烈节孝，捐钱为她立起节孝牌坊。

2014年，谭邦村成功申报为江西省第五批历史文化名村。2015年，成功申报为第三批全国特色景观旅游名镇（村）。（杨遵贤/文）

◎谭邦村门楼

2. 功德声望

明清之际，匾额成为统治者褒奖功德的重要形式。在客家地区，功德声望匾的授匾对象往往是功

◎会昌白鹅角屋郭氏挂匾仪式

◎会昌羊角水堡蓝氏节孝牌坊

德高尚、品学兼优之辈。此类匾额有些会增加一段表彰受匾者事迹或功勋的文字，这段文字根据匾额整体的形制以及上下款的规则，或是放在上款作为序，或是放在下款作为跋。

张挂匾额一般选在落成开张或节日吉庆之时，此时气氛欢快热烈，挂匾往往成为整个活动的标志性仪式。民间也多在喜庆节日或寿诞之时张挂匾额，向年高德劭或在各行业中有德望有善行的人赠匾，反映了广大人民群众对他们行为业绩的赞颂和肯定，同时也在社会上达到了宣扬正义、歌颂善良的作用。

3. 牌坊匾额

牌坊是中华民族特色建筑文化的重要组成部分，是为表彰功勋、科第、德政以及忠孝节义所立的建筑物。牌坊匾额有旌表懿德的教化功能。牌坊匾，通常是为维护封建伦理纲常而设立，如表彰某男施仁德、某女守贞操等。对众多烈女节妇、官宦人家的表彰，对恪守封建伦常、政治规范起警策、训诫或宣传作用。这些匾额大多四周边框上雕饰具有一定象征意义的花纹，有的还镶嵌珠玉，极尽华丽之能事，以此来宣扬匾额赋予的社会地位。

赣南的古代牌坊，散落于乡间，是反映村庄历史的文物，它昭示家族先人的高风德行和不凡功绩，激励后人向上、向善，感恩奋进。

赣南客家牌坊有"道德坊""功名坊""标志坊"等，以道德坊和功名坊居多。其中，道德坊类的贞节牌坊最多。就用材而言，石牌坊最多。

延伸阅读

赣南客家古牌坊

牌坊，通常又称为"牌楼"。它是一种门洞式的纪念性建筑。牌楼，是指带有檐顶的牌坊，而牌坊则不带檐顶。现存的牌坊大多是明清时期的，有二柱一间、四柱三间、六柱五间等不同间数。

古牌坊的建造是有讲究的。当地方官员发现可予以表彰的典型人物后，上报给朝廷，皇帝再委派钦差大臣前往调查核实，确信具有特殊教化意义的，方可为其建造牌坊。牌坊有"忠、孝、节、义"等不同内容，一经建立，荣耀家族，流芳百世。牌坊还有等级之分，可冠以"圣旨""御制""恩荣"三种头衔，这些头衔要雕刻在牌坊正面上方的中央，以示庄严和恩宠。"圣旨"牌坊，是最高规格的赏赐，全部由内务府拨给白银择吉地建造；"御制"牌坊虽然也由国家出钱建造，可下拨的银两不如"圣旨"牌坊的多，在建造规模与外观方面自然要稍微逊色；而"恩荣"牌坊，则是皇帝允许建立以昭示后世，但建牌坊的经费，得由所在地方官府筹措。

于都"水头步蟾坊"也是赣南现存最古老的牌坊，建于明代正统六年（1441年），不仅年代悠久，而且造型漂亮，是赣南诸多牌坊中最为珍贵的一座木牌楼。它是于都知县王琳为了旌表于都学子谢宁考中举人"奉旨监立"的功名坊。牌楼四柱三间，斗重檐，用八根戗柱固定立柱。

石城小松桐江村的杨村坊式亭，是一座具有赣南客家建筑特色的亭式贞节牌坊。它把同一中轴线上的南北两座石牌坊，用墙相连，形成一座亭子，

◎于都岭背水头步蟾坊

◎石城杨村坊式亭

◎会昌庄埠乡新屋村节孝牌坊

供路人避风躲雨。牌坊建于清光绪元年（1875年），用花岗岩砌造，为旌表桐江村太学生许清涟之妻而建。牌坊正中上额雕刻着"圣旨"二字，坊间的栏板上浮雕着三国演义等戏剧故事。

会昌庄埠乡新屋村及宁都肖田乡朗际村乾隆年间建造的节孝石牌坊，雕刻非常精美，保存很好，特别是会昌的新屋牌坊明间柱前还雕有两尊生动的石狮。（参考《旌表懿德古牌坊》，张嗣介／文）

4. 客家商号匾

商号匾是匾额世俗化的一种标志，反映了客家人在崇文重教的同时亦官亦商或亦工亦商等，是客家匾额中的重要组成部分。商号匾，一般都是请在社会上有地位或著名的名人学者来写，以增加店铺的文化内涵，并提高自己店铺或商品的品位。

匾额即是通过商匾这一形式逐渐进入民间生活的。这种匾大多为长方形，悬挂于门窗之上，尺寸依门面大小而定，颜色大多为黑漆金字，也有黑漆绿字或红漆黑字的。而大商号或讲究的店铺也有将题字镌刻在木板上再贴金的，有人称之为"金字招牌"，这样的匾额显得格外醒目庄重。商号匾在制作上也追求特色，形式多样，四周多镶以不同的花纹边饰，或木或石，或写或刻。

商号匾的内容主要通过巧取文学作品、凭借商联文采、援引成语典故、附丽神话传说、仰仗名人题字、利用趋吉心理、采摘宗教词语、表达报恩情感、显示店家诚信等方式，负载着厚重的民族商业思想，折射出传统的文化色彩。因此，将商号扁作为店铺的宣传手段在今天仍然很盛行。

客家商号匾书法优美、浑厚大气的匾字已不仅仅是一个堂号、一个门牌，而是代表着信誉和服务，已成为人们心目中诚信经营的代名词。

◎赣南师大博物馆馆藏商号匾

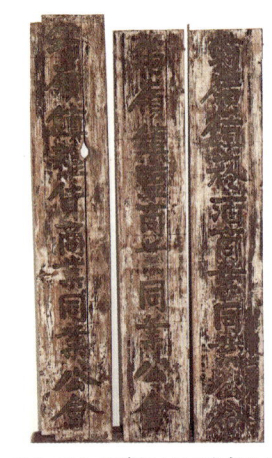

◎江西会昌博物馆馆藏商号匾

四、立匾

款识部分的"立"是指为某人立匾，与"题"是不同的概念，不能混为一谈。立匾有标榜之意，当某人取得成就或社会需要对某事进行宣传的时候方可立匾。立匾是当时朝廷或社会约定的一种风俗，好像我们今天对先进者颁发的奖状。明清时期立匾的名目繁多：建筑落成、商铺开张、民间庆典、考取功名、官职升迁、节妇孝子、好人好事、祝福寿庆等，都可以通过立匾的方式来宣传。

立匾人专指制作匾额并按一定规制悬挂匾额的特定关系人或相关人群。显然，这里所说的立匾人不包括从事具体制作匾额的工匠、技师等手艺人。

匾额的左侧内容多为立匾人的相关信息，包括具体的时间，或者补充交代当事人获匾的因缘背景。

有时，统治阶级为倡导社会风尚、巩固统治地位会为一些乡绅人士立匾，这时候，立匾人与题匾人往往是一致的。而更多的立匾人，是授匾人的子女或宗亲。此外，也有通过家族成员，按照一定的程序，为弘扬本家族的荣耀、表彰家族功勋和高尚品德而立匾的，这时候，立匾人则是家族群体。

延伸阅读

匾额款识的类型

据现有资料，可将款识的类型分为以下6种：

1. 上款为题匾者，下款为受匾者和挂匾时间。这种款识是清代匾额最常见的一种形式，多见于功名类和教育类的匾额。将题匾者放在上款是因为题匾者是当时有名望和有社会地位的人，有的是官员，有的是书法家或名人，有的是受匾者的长辈，将身份高的题匾者放在上款以示敬重。具体可分为以下形式：

（1）题匾者和立匾者为同一人，即"甲为乙题词并立匾"的式样。

（2）题匾者和立匾者不是同一人，送匾之人是受匾者的晚辈或是没有什么名望的人，为了使匾额更有分量，请了有名望或有地位的人来题写，然后制作成匾额，送给受匾者。题匾者只题写文字，立匾者另有其人。即"乙为甲题写匾额，丙立匾"的式样。

（3）一个题匾人为多个受匾人题写，由受匾人

◎《赣南客家匾额习俗》省级代表性传承人肖天长（右二）

自己所立，之后是年月日。

2.上款为受匾者，下款为题匾者，日期可能放在上款也可能放在下款。这种款识在祝寿匾中多见，可分为三种情况：第一种情况，受匾者是题匾者的长辈；第二种情况，受匾者是当地名人望族或上级；第三种情况，题匾者和受匾者地位相同。为了表示对受匾人的尊敬，表达送匾的谦逊之意，多将受匾人放在上款。通常将受匾人放在上款的多是赠送的匾额。下款只有一位题匾者的时候表示这方匾额的题匾者与立匾者为同一人，而当下款出现多人的时候，就有可能是其中一人题词，大家共同出资立匾。

3.在上下款中带有叙述受匾者生平或事迹的序或跋。匾额受到尺寸的限制，一般匾额上的题词不会太多。但也有特殊的情况，有些匾为了表彰受匾者，往往写一段关于受匾者事迹的文字。这段文字根据匾额整体的形制以及之前提到的两种上下款的规则，有的是放在上款作为序，有的是放在下款作为跋。

4.上款为年月日，下款为题匾者或立匾者。

5.上款为题匾者，下款为年月日，受匾者。

6.上款为题匾者，下款为年月日。（参考石禄生编著《匾额品藏》）

延伸阅读

活态传承促进赣南客家匾额习俗的整体性保护

为推动国家级非物质文化遗产代表性项目——赣南客家匾额习俗的整体性保护，会昌县共设立匾额习俗传播基地1个、传习所2个、传习点30个，匾额制作技艺传习点40个。会昌县通过场所的日常

◎"赣南客家匾额习俗"进校园

◎"赣南客家匾额习俗"传习点授牌

运行，对匾额制作技艺、匾额榜书书写等积极进行传承。同时，会昌县通过奖补匾额制作费、民间乐队工资等形式，鼓励民间挂匾活动，使客家匾额习俗得到了非常直接有效的活态传承。近5年来，会昌县共举办博士之匾、堂匾、寿匾等民间挂匾活动近200场，2万余人参与活动。

◎会昌白鹅水东郭氏挂匾活动

◎会昌中村洋光郑氏挂匾活动

◎江西现代职业技术学院"赣南客家匾额习俗"技艺技能传习基地揭牌仪式

◎"赣南客家匾额习俗"专场文艺节目进校园演出活动

◎学生参观"赣南客家匾额习俗"传承基地(萧氏宗祠)

◎匾额榜书进社区活动

◎匾额榜书进校园活动

◎会昌县中小学现场榜书大赛

◎匾额习俗杯美术作品展览活动

2020年,会昌县通过山歌、小品、采茶戏等形式编排专场文艺节目,开展赣南客家匾额习俗进校园、进社区、进景区等宣传活动30次,惠及2万多人,并通过有奖知识竞答环节进一步普及"非遗"以及赣南客家匾额习俗相关知识。此外,还举办了"匾额习俗杯"全县中小学师生美术作品征集展览活动，共收到"非遗"主题方面的美术作品275件，评选出100件优秀作品在线上、线下进行展览。通过美术艺术与"非遗"的跨界融合，展示了会昌县丰富的"非遗"资源，让更多人领略了"非遗"的魅力。

会昌县把项目按榜书书写、匾额制作、仪式规制等做成短视频合集，在会昌文化官方抖音号发布，让网民进一步了解其文化内涵。

会昌县以建设"非遗"传播基地为基础，开展"非遗"入校育人活动，通过编发宣传资料、举办图文展和授课等形式，吸引更多青少年走进"非遗"。

会昌县定期组织匾额榜书、图文展览、文艺演出等活动进社区，并在富城乡半迳村王氏、白鹅乡中心村刘氏等祠堂设立传习点，加强了对匾额习俗的传承和保护。

赣南客家匾额习俗专场文艺演出、匾额图文和匾额习俗美术作品展览等活动，让匾额文化走进风景独好园、美丽畲乡洞头、欢乐谷等景区，让匾额文化得到广泛传播。

◎会昌县非遗保护中心干部颁发"赣南客家匾额习俗"传习点牌子

◎江西会昌富城半径王氏挂匾活动

小贴士

赣南客家匾额习俗（古坊）传承基地

古坊村坐落于会昌县文武坝镇东南部，距离县城5千米，紧挨彭迳、联丰等村落，是会昌县城的"后花园"。全村辖古坊店、上古坊、下古坊、樟梨树下等12个村民小组，共244户，人口1321人。古坊地理位置优越，气候温暖湿润，人杰地灵，山清水秀。

为深入挖掘古坊村的文化底蕴，传承发展优秀的传统文化，充分发挥"赣南客家匾额习俗"这一国家级非物质文化遗产的激励、教育功能，促进该非遗项目的活态传承，特在古坊村打造了"赣南客家匾额习俗"传承基地，按统一规划、分步实施原则，分三步制作悬挂了153方具有客家文化特质、契合各家实际的匾额。

会昌县在文武坝镇古坊村建设赣南客家匾额习俗传承基地，让群众可以在此观匾额、听故事，领略相关乡贤风采。

◎会昌古坊"赣南客家匾额习俗"传承基地集中挂匾仪式

小贴士

制作客家匾额的主要工具

选材工具：斧头、刨子、钢尺等。

制材工具：两头钉、小棕刷、刮刀、砂纸等。

书写、雕刻工具：狼毫笔、尺板、木炭条、磨刀石、鹰嘴刀、大小锥子等。

上漆工具：棕刷。

◎制作客家匾额的主要工具

五、规制

匾额一般挂在门上方、屋檐下。当建筑四面都有门时，四面都可以挂匾，但正面的门上是必须要有匾的，如皇家园林、殿宇以及一些名人府宅，莫不如此。

客家匾额是客家人扎根、立业、兴家的精神引领，在客家人的心中有神圣而崇高的地位，因此客家人非常重视匾额的书写、绘制和悬挂仪式。例如，有的宗族要求书写匾额的先生要同为本姓氏德高望重的长辈，有的要请德才兼备的先生，大都会选择吉日吉时，摆放好三牲、三果、茶和酒等食品，率领本门男丁，先叩天地、再敬祖宗，然后请先生开始绘制图案，书写匾额。匾额书写好后，还有揭匾，鸣炮，请长辈、先生上座用餐等仪式。

客家匾额与富有地方特色的瓦房及房前客家特有的半月形水塘形成了"天人合一"的民居特色，并传承和发展成赣南客家独特的民间文化习俗。

随着时代的发展，书写、悬挂匾额往往删繁就简，直奔主题，掌握匾额习俗整个流程的人大多年事已高，年轻人又大多不愿意传承，制匾工艺和匾额习俗已面临濒危状况。

为此，会昌县成立了客家匾额习俗非物质文化遗产保护工作领导小组，录制客家匾额习俗影像资料片，组织人力深入挖掘客家匾额习俗的传统文化内涵，对现存客家匾额情况进行全面深入的普查，认真考察其产生的历史渊源、沿革、发展、变化、主要特征、重要价值以及客家匾额在当地民俗生活中的意义与作用等。由此，赣南客家匾额习俗得到了较好的保护和传承。

据赣南客家匾额习俗省级代表性传承人肖天长介绍，客家人历来讲究礼仪，赣南客家匾额具有很强的民俗性，从规制到仪式都有一套独特的程序。在赣南客家民间，挂匾是一件庄重严肃的大事。因此各个姓氏家族对于挂匾都做出了严格规定，族人必须遵守，不得违反。各姓氏家族挂匾规制和仪式，一般来说，主要包括8个方面：资格、申请、定匾、游匾、祭匾、挂匾、揭匾、办酒席。每一项都有具体的规定和程序。

◎江西会昌白鹅良屋郭氏挂匾活动

1. 资格

什么人有资格在祠堂内悬挂匾额，各姓氏祠堂都有严格的规定。有的姓氏家族还把此规定镌刻在族谱上，告示人人都必须遵守，不得违反。其规定大致是：年龄在80岁以上（含80岁）、夫妻圆满60年、兄弟合计300岁、博士生或教授、县（团）级及县（团）级以上职务、对祠内贡献支持巨大等。凡以上几种类型之一者，如子孙满堂，晚辈孝顺，经济状况可以者，愿向祠堂理事会交纳一定金额的管理费者，可在祠堂内悬挂一块木制的匾额。

◎江西会昌周田郑氏理事会组织挂匾活动

2. 申请

如果有以上所列举的几种类型之一者，本人可口头向祠堂理事会人员提出申请。主要内容包括属何种类型、具体时间、匾额写何字等。本人申请后，理事会的人员会及时召集人员研究，并将讨论研究的情况告诉当事人。

◎理事会的人员召集人员研究申请事宜

3. 定匾

理事会将讨论研究的情况告诉当事人后，当事人得自己专程到做（写）匾额的商店，详细告诉店主匾额完成的时间、写字内容、制作工艺等。匾额上的四个大字及有关小字，过去都是由本族中毛笔字写得较好的人负责写。现在一般当事人提出要求，委托店主具体操作。

◎定匾

4. 游匾

在悬挂匾额的第一天，当事人家就得开着车，敲锣打鼓，派人去店里把匾接回来。匾额接回来后，整个姓氏的老前辈（60岁以上的）及自己同房的叔伯兄弟欢聚一堂，等大家吃完点心后，就由两人抬着匾额，走在队伍最前头，一路上，锣鼓声、唢呐声、乐队声、鞭炮声接连不断，整个队伍浩浩荡荡，从村头游到村尾。所过之处，无论大人、小孩，往往都会争先恐后地走出来观看这一热闹场景。全村游一大圈后，就暂时将匾额放在祠堂的桌子上。

◎游匾

5. 祭匾

悬挂匾额必须选择吉日良辰。这天，主人家首先在祠堂的神龛上点上大红蜡烛，并摆上鸡、猪肉、豆腐、水果等供品，点响鞭炮。再由屠夫等人将大肥猪抬入祠堂内宰杀，然后将猪血抹在匾额上，客家人称之为"杀猪祭匾"（现简化为"杀鸡祭匾"），此时主人家要给屠夫一个红包。

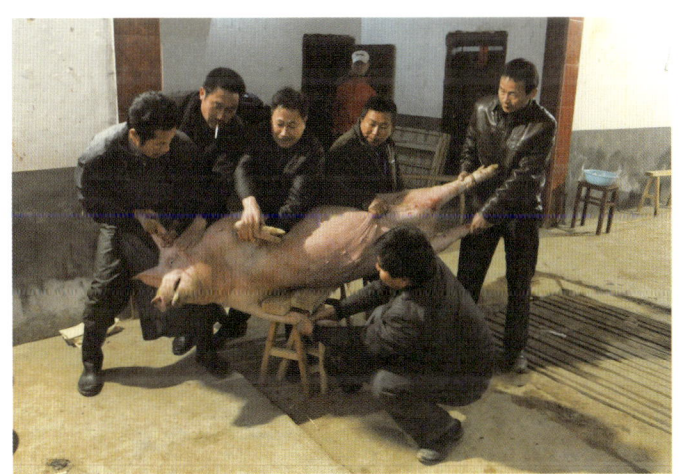

◎祭匾

6. 挂匾

客家人把挂匾称"钉匾"。发红米结束后，便抬来两架长楼梯，两边各爬上1至2人，匾额的两头系上长长的绳子，站在楼梯上两边的人同时用力，把匾额慢慢地往上提，按事先安排好的位置，把匾额悬挂在祠堂的椽子上。在悬挂匾额时，锣鼓声、鞭炮声、唢呐声、乐队声响彻云霄，震耳欲聋。大家肃立在祠堂内，不得大声喧哗。

◎挂匾

7. 揭匾

立匾人家要请本宗族德高望重的长者，把事先盖在匾额上的红布揭开。

◎揭匾

8. 办酒席

这天中午，本族祠内的老者、原来有交往的亲戚朋友、本房的叔伯兄弟及个别外祠的代表，大家欢集一堂，开怀畅饮，共祝主人家悬匾大吉、人丁兴旺、子孙满堂。

此外，匾额的制作也有很多讲究，从规格来说，一般要符合"三、六、九"之数，否则不吉利；从匾额的行文来说，匾头按"富、贵、贫、贱"的顺序来行文，一般要选"富、贵"二字，匾尾按"生、老、病、死、苦"的顺序来行文，一般要选"生"字。这些规制务必遵守，否则就要闹笑话，贻笑大方。

◎办酒席

延伸阅读

赣南匾额习俗项目省级代表性传承人：肖天长

从艺30多年来，肖天长共主持挂匾仪式80多次，指导组织挂匾仪式130多次，足迹遍及会昌、寻乌、于都等地。

肖天长曾在会昌县水电系统工作多年，现为会昌县书法家协会副主席。1980年起，他向师傅肖先阳学习匾额制作技艺和匾额习俗，做到博采众长、融会贯通，成为声名远播的制匾名家。他以饱满的热情投身于匾额制作，自制木质匾额3000余方。他所制作的匾额以端庄厚重、古朴大方等特点，受到赣、闽、粤客家人的青睐，甚至港澳台同胞及海外侨胞也慕名前来求匾。

肖天长通过资金和技术支持，帮助徒弟肖伟明开了一家广告店，主要从事各式匾额的制作，师徒俩联手普及匾额文化。

2021年5月，国家级"非遗"项目赣南客家匾额习俗技艺技能传习基地在江西现代职业技术学院揭牌。学校向赣南客家匾额习俗省级"非遗"项目代表性传承人肖天长颁发客座教授聘书，3名教师代表和40名学生代表向肖天长行拜师礼，双方结为师徒关系。拜师仪式结束后，肖天长带领徒弟们来到基地工作室召开师徒笔会，现场润笔沐书，书写"龙腾学海"四字榜书，激励同学们勤奋学习、努力拼搏，为传承和发扬"非遗"技艺技能做出自己的贡献。

◎肖天长在木板上写匾额榜书

◎肖天长同他孙女一起给匾额贴金

◎肖天长指导会昌白鹅水东郭氏挂匾活动

◎肖天长在会昌县美术教师榜书培训班上授课

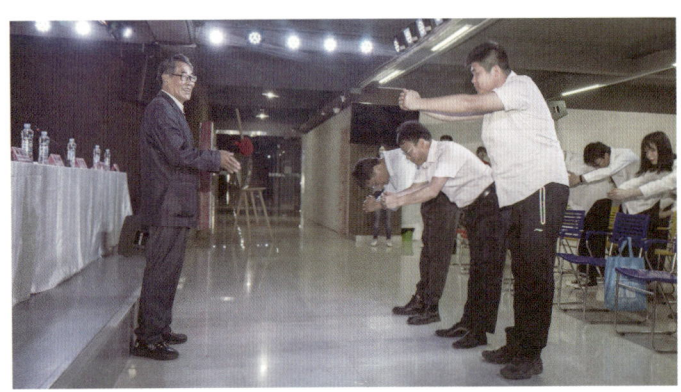

◎江西现代学院举行拜师仪式,师生代表拜肖天长为师

◎肖天长在"赣南客家匾额习俗"传承基地(县城肖氏宗祠),为前来参观的同学们讲解榜书的书写

六、价值

匾额的用途极广,自古以来,上至皇室宫殿、名胜园林、寺观楼台、商贾店堂,下至民间斋馆府邸、买卖标示、居室悬挂、祝颂赠予、宣示教化等无不涉及。曾有"堂不设匾,犹人无脸"的说法。

匾额是一种文化生命的符号,在很大程度上代表着主人的品格、理念与理想,有利于敦宗睦族、弘扬孝道和启迪后人、催人向上,更有利于维护家庭、宗族和整个当地社会的稳定。客家匾额习俗表达了客家人追求美好生活的意愿,反映了当时客家地区的政治经济、文化艺术、民俗民风。

一块优秀的匾额不仅可以令人欣赏到凝练而传神的题词,而且完美地再现了书法家俊逸的书法,同时还雕琢出细致精美的图案,是语言艺术、书法艺术、绘画雕刻艺术的结合。

总的说来,赣南客家匾额习俗具有重要的历史价值、艺术价值、社会价值和文化价值。

1. 历史价值

在古代,匾额可谓是"门楣上家国,梁柱间文脉"。匾额虽小,学问很大,是研究建筑、门阀、民俗的重要资料之一。匾额习俗源远流长,其历史可追溯至秦汉,发展至明清广为应用。从明清至民国600多年间,赣南客家匾额这一民俗文化可谓久盛不衰。赣南客家匾额习俗为研究客家历史和客家文化,社会学、民俗学、人类学、历史学、艺术学等多个

◎江西会昌白鹅角屋郭氏挂匾活动

◎江西会昌博物馆藏品《有敬美风》匾额

学科的研究，提供了素材和范例，提供了可以参考的实物资料。从客家匾额习俗的流变中，更是可以观察到家族史、客家迁徙史和民族史的生动写照。

匾额在历史上还承担着民间旌表的重要作用。匾额不是个人的，不具有私密性，它是镶在村头、钉在牌坊上，可以让一个族群、一个地方都感受到的荣耀，其承载的历史价值触手可及，不仅有深度，而且有温度。

2. 艺术价值

匾额是中华民族独特的民俗文化精品，有很高的艺术价值。匾额习俗集合了书法、篆刻、雕刻等艺术的精华，是一种集收藏性、观赏性、民俗性和艺术性为一身的特殊文化载体。匾额雕刻以雅传俗，以俗映雅，雅俗共赏，在客家民众心目中具有深厚的根基和广泛的影响力。

2000年来，匾额把中国古老文化流传中的辞赋诗文、书法篆刻、建筑艺术融为一体，集字、印、雕、色的大成，以其凝练的诗文、精湛的书法、深远的寓意，指点江山，评述人物，成为中华文化百花园中的一朵奇葩。一方匾额就是一件精制的艺术品、一本浓缩的"国学著作"、一幅生动的"清明上河图"，匾额因此成为极富中华民族特色的民俗文化精品和艺术精粹。

3. 社会价值

自古以来，匾额在传统文化中体现着极其重要的价值取向。古人尤其是知识分子对匾额寄以良多情结，通过匾额来渲染氛围，体现价值观和文化诉求，并彰显身份、品位以及社会地位等。

赠送匾额比物质嘉奖更能肯定人的品格与贡献，是最为珍贵而纯洁的赠品之一。在当代，匾额有利于树立人格理想，增进人际和谐，有利于敦宗睦族、弘扬孝道、启迪后人、催人向上，更有利于维护家庭、宗族和整个社会的稳定。与此同时，匾额还有利于提升社会道德，加强华人团结，对于加强中华民族的向心力、凝聚力，对于铸牢中华民族共同体意识，具有强烈的促进作用。因此，匾额习俗具有很高的社会价值。

> 延伸阅读

《和君可风》匾额

在江西省招商引资、赣商回赣政策的号召下，在北京的和君集团董事长王明夫先生选择返乡投资办教育，在会昌白鹅乡梓坑村创建和君教育小镇，并创办和君职业学院，把高等职业教育办到乡村振兴的第一线，期望依托教育所能吸引来的人才、人气，服务当地发展，实现乡村振兴。

为进一步浓厚会昌乡贤回乡干事创业氛围，2023年1月19日，在会昌县乡贤联谊会庆祝大会暨乡贤论坛会场上，中共会昌县委书记潘金城和会昌县人民政府县长李德伟为和君集团董事长王明夫颁授了《和君可风》荣誉匾额。这是会昌县首次以匾额褒奖模范乡贤，意义非同凡响。

◎中共会昌县委书记潘金城为和君集团董事长王明夫颁授《和君可风》匾额

4. 文化价值

匾额习俗文化，几乎涵盖了国学中的所有传统道德，从匾额习俗中能解读厚重的传统文化，探寻浓郁的民俗风情，领略华丽的辞赋诗文，鉴赏精湛的书法篆刻，体验古老的交往礼仪，是不可多得的宝贵财富。每一种匾额都代表了独特的客家文化。客家人崇尚慎终追远、寻根问祖，现保留下来的客家匾额，如"德馨堂""百聚堂""仁本堂""寿世堂"等，这些匾额的背后，承载着丰富的历史记忆和文化内涵。

比如："门楣匾"彰显了宅主的家世家风、政治地位、文化修养和精神面貌；"堂号匾"是客家人寻根意识与崇拜祖先的体现；"功名匾"是中国古代科举制度的见证，充分体现了客家人崇文重教、耕读为本的精神；等等。

> 延伸阅读

会昌"百匾堂"匾额的价值取向

"百匾堂"匾额不但反映了会昌客家淳朴向善的民风，也反映了百姓对乡村社会生活的一种憧憬和希望，寄寓着一种精神力量。一方面，通过对乡里民间那些重义轻利、德行高尚者赠送匾额的方式，对其行为给予充分肯定和褒奖，在客观上起到了净化民风，维护地方安定的作用，为广大民众树立了榜样。另一方面，以匾额旌表的方式为乡村社会提

◎会昌洞头联班第

供了一种赢得荣誉的机会，在一定程度上满足了普通民众期望步步登高的社会心理，符合乡村民众求安康、求发展的基本要求，因而被普遍接受。

　　会昌民间匾额反映的乡村社会，既是一个传统的耕读社会，更是一个充满封建纲常伦理的社会。它长期处于封建制度和受官权引导、扶植的族权、绅权以及深刻体现统治者意志的封建教化的统治之下，广大乡民以家庭为单位经营着生产、生活，受着封建国家和地方豪强的剥削，多数人是"乐岁终身苦，凶年不免于冻馁"，民生长期处于一种低水平状态。乡里公共事务的议决权都操之于那些长老、族长、乡绅之手，平民百姓无权与闻，只有服从。官权、族权、绅权与封建教化的精神强制权牢牢地统治着乡村社会，这些有形和无形的种种权力与权威，构成了会昌广大乡村社会的价值观、行为规范与秩序。

民间匾额是一种由长期的乡村生活积淀下来的地方民俗，在会昌乡村，宗祠挂匾这种古老的习俗依然对人们的精神与文化生活存在一定的影响。即使在今天，会昌乡村的很多祠堂仍然悬挂着一些明清、民国乃至当代的堂匾及其他匾额，如周田镇张氏宗祠悬挂的"诒谷堂"匾，题匾人是明嘉靖年间兵部尚书毛伯温；西江镇宋氏宗祠悬挂的"共建家园"匾，题匾人是新中国开国少将、原北京军区副司令员宋玉琳；会昌县萧氏宗祠悬挂的清代"进士"匾和当代的"博士"匾相互映衬、彰显；等等。这表明匾额在会昌民间乡村得到传承、沿袭、恢复与延续，显示了地方民俗的历史继承性和匾额文化的强大活力。（参考《百匾大观——会昌百匾堂百匾考释》）

◎江西会昌博物馆百匾堂

第四章
客家匾额上的"文化基因"

　　触摸历史的遗迹，感受人文的痕迹，体会文化的魅力。即使历经千百年的风雨洗礼，失去芳华，清晰不再，但那一块块书写精良、装饰精美的匾额，也依然神采各异，精彩犹存，令人萌生敬意、敬仰不已。

客家匾额集中显示了建筑物主人的门第层次、道德修养、处世哲学和精神寄托，充分表达了客家人追求美好生活的向往和欣赏趣味，流淌着客家人一脉相承的血液，传承着客家人不屈不挠的精神。

客家匾额习俗反映了客家地区的政治经济、文化艺术、民俗民风，其所含的信息对于研究客家人的民俗、教育、文化而言，具有重要的文物价值，其所具有的历史价值、学术价值和艺术价值成为研究客家文化珍贵的实物资料，成为研究客家文化的"活化石"。

客家匾额是集文字、书法、镌刻、雕塑、篆印、工艺、美术为一体的综合性文化体现，是一种具有鲜明中原文化和客家特色的跨学科、多门类综合集成的艺术形式，蕴含着丰富的文史知识、厚重的人文精神。客家匾额习俗在我国客家地区得以传承发展，有着广泛的社会影响、坚实的民意基础和深厚的文化内涵，承载着鲜活的中华文明史，在当今的社会发展中依然在活态传承，依附在匾额身上绵长而深刻的"文化基因"正在并将继续影响着客家人的精神世界。

◎ "福衍椿庭" 匾　图源：《百匾大观》

延伸阅读

匾额的文化光华

匾额所载的文本信息，呈现给我们的是一个文辞高雅的诗书世界。所谓文以载道，大凡匾额的题句，一方面是彰显家族或主人的业绩功名，倡扬道德精神，一方面则在赞美和褒颂中贯注文化理念，体现文脉传薪。故而行文内容无论是取法经典还是自创词句，均可见古人追寻更遥远的历史传统文化启示的心路或痕迹。以古为美、以文为怀、以儒家价值传统为轴心，无疑是千百年来从皇家、望族到民间一以贯之的精神信仰。通读历朝历代的匾额辞我们可以强烈地感知到，中华文脉从不曾中断的延续性、传承性和标志性，以及中华伦理价值体系的根深蒂固和其对中华子民的人心牵引力，无不透溢出古代中国的东方哲学思想。从匾额静穆而庄严的形制中，我们仿佛看得见历史的流动和时间的凝固之美，不禁慨叹中华数千年优秀传统文化的强大生命力。

匾额以文句传道，更以书法传神。匾额书法的叙述性和表意性，有时候要大于文本内容本身。匾额书家的学养、意趣、心境，都蕴含在书体和笔墨的结构造型及运笔力道之中。匾额题字大多出自古代各时期的书法行家之手，笔墨之间自有韵律之美，一笔一画可见书家功力。凡书题匾额者，既注重根据题句的内容确定书体格式，以正书为多，但也注重体现书法的仪态风格和笔墨灵性，流露出书家的情怀，达到了形与境的统一，兼具书法的精气神。不少堪称历史大家级别的匾额书法，结合字、词、句当中所含的文意，创造出整体的意境。

匾额也是精美的工艺作品。其体因承接传统而重古雅与文气，这是共性之美；其饰则因不同地域的工艺特色而显差异和多样，这是个性之美。总体来看，无论是巧夺天工的装饰纹样，还是象征表意的花鸟形象，都显示出古人深受耕读文化影响的田园意趣，可谓"一花一世界，一叶一菩提"。绘画技艺在匾额中的运用，体现出古人崇尚"道法自然""天人合一"的精神追求。在匾额中呈现的材料品质和雕法漆艺，也无不体现出匾额主人的美学品位。在显尊求雅的文化理想中，匾额全然是美术形式、材料、媒介和技法的高超结合，体现了中国文化的审美观与创造性，而且展现出在传承中创新的发展脉络。

中华匾额以其独特的载道、弘文与扬美方式，在千百年的历史传统中，散发出文化的光华。（《匾额的文化光华》节选，中国美术家协会主席范迪安撰文，参考《匾额品藏》，石禄生编著，福建美术出版社）

一、书法艺术

客家匾额大多由书法家题写，以楷书、行书为主。匾额文字虽少，但隽永经典，深奥含蓄，凝练圣贤教诲，涵盖深远意蕴，酣畅精湛的书法，一气呵成的气势，具有极强的文学艺术感染力。匾额是书法艺术的珍贵载体，书法艺术在各式各样的匾额上栩栩如生，与雄伟壮观的建筑浑然一体，成为建筑中不可分割的部分，体现中国书法独特的艺术魅力，具有极高的艺术想象力。

匾额优美的书法、精湛的雕刻艺术以及漆艺完美结合、交相辉映、争奇斗艳，使山岳园林生色，河川增辉。特别是有了文字书法的装点，客家匾额赋予一座座客家建筑物无限的遐想与活的灵魂。三言两语，研墨运笔，跃然眼前，令人豁然开朗，肃然起敬，浮想联翩，蔚然大观。

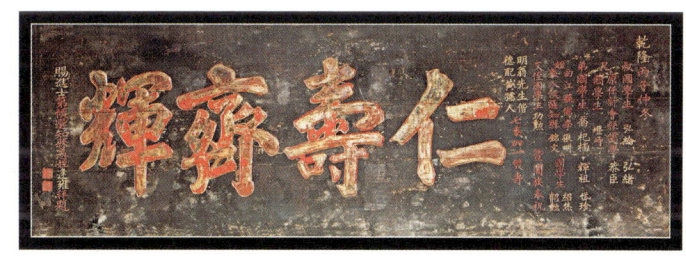

◎"仁寿齐辉"匾　图源：《百匾大观》

1. 中国书法

中国书法是一门古老的汉字书写艺术，从甲骨文、石鼓文、金文（钟鼎文）至定型于东汉魏晋的草书、楷书、行书等，书法一直散发着艺术的魅力。

中国书法为汉族独创的表现艺术，被誉为"无言的诗，无行的舞；无图的画，无声的乐"。

《现代汉语词典》中，"书法"被释义为"文字的书写艺术，特指用毛笔写汉字的艺术"。2009年，中国书法"申遗"，第一次从非物质文化遗产的角度对书法进行了重新的定义和阐释：中国书法是以笔、墨、纸等为主要工具材料，通过汉字书写，在完成信息交流实用功能的同时，以特有的造型符号和笔墨韵律，融入人们对自然、社会、生命的思考，从而表现出中国人特有的思维方式、人格精神与心情志趣的一种艺术实践。

2009年9月，中国书法被列入《人类非物质文化遗产代表作名录》，这使得书法艺术在中国传播的同时，也走向了世界。

孙。钟绍京幼时家境贫寒，后来因为字写得好，被唐朝兵部尚书裴行俭推荐到当时官方书写机构"直凤阁"任职。

钟绍京深受武则天赏识，专为武则天题写匾额，宫中的匾额、门牌多是他的手笔。由唐钟绍京题的"四相堂"匾额苍劲有力，后创出"标准中国字"。钟绍京除了题写匾额，还有抄经。他写的《灵飞经》被誉为"天下小楷第一"。

◎中国书法列入《人类非物质文化遗产代表作名录》新闻通报会

延伸阅读

"开元初第一书家"钟绍京

钟绍京（659—746），字可大，赣县人（后籍兴国），工书法，号"小钟"，被誉为"开元初第一书家"。为同农录事，景龙中因助临淄王李隆基平韦后难，进中书令，封越国公。

钟绍京是三国时期著名书法家钟繇的第十七世

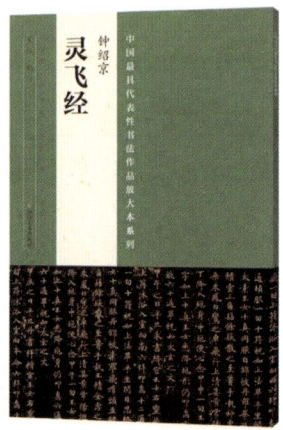
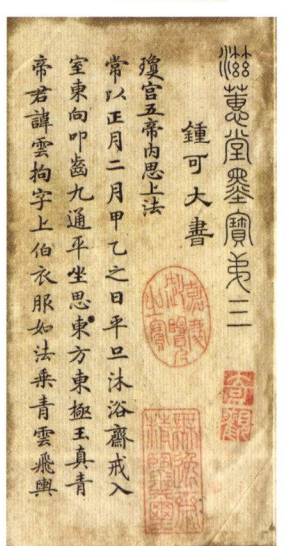

◎[唐]钟绍京与其行书《灵飞经》（影印本）

2.匾额书法

秦朝统一文字后,有"秦书八体",即大篆、小篆、刻符、虫书、摹印、署书、左书、隶书八种字体,其中署书就是刻在匾额上的擘窠大字。

匾额书法产生和发展的动力来源于实用,为使书法与高大建筑浑然一体,符合环境美学要求,匾额书法多盈尺径丈,属于榜书范畴。榜书不但具有书法共性的特征,更有其个性的笔法、体势和审美。

匾额书写兼具实用与审美功能,目的是"盖使观者望之而知其字、明其义,以收昭告之效耳"。自唐以后,楷书、行楷书是题匾书法的常用字体。此外,也有少量的隶书、篆书、草书匾额。

无论何种书体都有一个共同的要求,那就是要茂密沉厚,雍容大度,神完气足。匾额书法体大画粗,饱满有力,黑多白少,具有巨大的视觉冲击力,有明显的秩序性和严肃性。榜书具有广泛的社会性,决定了其审美重在共性,要能为大多数人接受,风格具有相对的稳固性。

一块块书写精良的匾额,在有限的空间里传播着独特的价值观念与艺术内蕴,极大地丰富了我国书法艺术的宝库,不仅是传统书法文化展示的精彩舞台,也是启发民众感悟、欣赏书法艺术、开展民俗活动的鲜活窗口。

◎"辟雍升俊"匾　图源:福建连城明清牌匾陈列馆

延伸阅读

榜书的书写与训练

什么是榜书?

榜书又叫"署书""题榜书"。榜,古称"署",即宫殿匾额或门额;又指告示,张榜皆用大字,故称"榜"。凡数寸乃至径丈之字皆可谓榜书,并非一定要书于匾额之上。清朝康有为《广艺舟双辑·榜书第二十四》曾说道:"……萧何用以题苍龙、白虎二阙者也,今又称'擘窠大字',作之与小字不同,自古为难。其难有五:一曰执笔不同,二曰运管不习,三曰立身骤变,四曰临仿难周,五曰笔豪难精。"意思是说,萧何是写榜书的鼻祖,但他当时写的是"萧籀",也就是大篆。但后世并不局限于篆书,隶、楷、行、草诸体均有。这些大字写起来难在哪呢?即执笔方法不同,不能用写小字的方法握笔;运笔不习惯;原本坐着写字,站起身来就变得不一样了;由于与写小字不同,所以临字、仿字难于周全;最后一难,就是笔触、笔画难于精到。

总之,用比较通俗的话来说,榜书就用大笔写大字,而且比写小字更不好写。

如何写好榜书?

在初步掌握毛笔写小字的技巧后,我们可以改用大笔写大字，可以用旧报纸练习。报纸一般对开四折或对开二折均可（如图）：

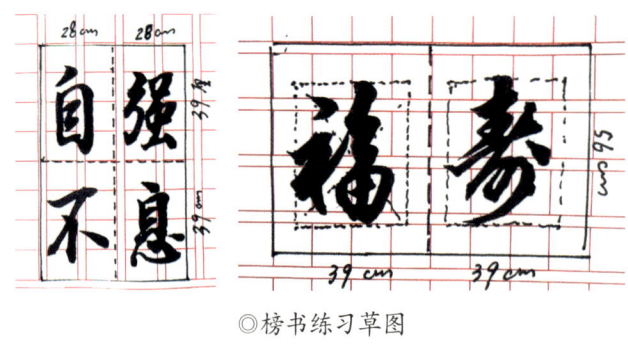

◎榜书练习草图

中小学生练写榜书的毛笔可选用中号腕笔，熟练后可选"提斗"或"大提斗"毛笔，用它可写50厘米大小的字。野外榜书则用毛刷或定制毛刷。

书写榜书作品的纸张，初学者宜用"熟宣"或"半生半熟"宣纸，生宣写大字由于墨饱容易糊烂。书写榜书作品的墨汁宜选用"一得阁"。练习用墨则可稍次，如"徽宝墨汁"。

书写榜书作品的字体如前面所说，篆、楷、行、隶、草各体皆可。就初学者而言，最好选用楷、行二体。

书写榜书作品的规格，一般限为四尺宣，横书，从右至左。款式有很多，分上款（匾头）和下款（匾尾）两部分，有赠匾人、题匾人、受匾人、立匾人等名讳，也可省略，一般是：上款在右，题因"某人为某事"，下款在左，题"某单位"或"某人"贺、赠、立等。（肖天长/文）

 小贴士

《宋拓郁孤台法帖》

《宋拓郁孤台法帖》为南宋聂子述在绍定元年（1228年）辑刻而成。聂子述，字善之，南城人，绍熙元年（1190年）进士，历任利州路安抚使、四川制置使、工部侍郎等职，喜爱古物，收藏甚富。郁孤台宋代属江西赣州府的赣县，台建于唐广德至大历年间（763—779年），因"冠冕一郡之形势，而襟带千里之江山"，隆阜郁然孤峙而得名，在唐朝已为名迹，骚人墨客多有吟哦，历代迭经兴废。宋宝庆三年（1227年）聂子述由瑞金徙知赣州府，重建此台，次年汇刻了这部法帖，并以"郁孤台"命名。

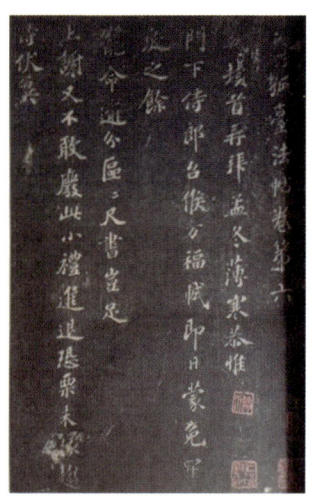

◎宋拓郁孤台法帖

《宋拓郁孤台法帖》所收的苏轼诸帖，皆为传世稀见之作。蔡襄的颜书、黄山谷的大草书、宋徽宗的草书等，都是难得见到的极品。此外，由于刻石

与苏轼、黄庭坚等人生活年代相去不远，故帖中所载诗文较多保持了原貌，这对考证唐宋诗文史事提供了珍贵资料。

《宋拓郁孤台法帖》为宋人诗文、宋人法书、宋刻、宋拓的"四宋"本，尤显珍贵。

二、绘制技艺

1. 雕刻技艺

匾额雕刻技艺、技法多种多样，主要分为阴刻匾和阳刻匾。匾额漆地颜色以黑色居多，也有紫、红、蓝、绿、棕等颜色。文字最常见的是真金字匾。

在按匾式（又称匾音）中题匾人书写的格式、字样进行加工制作时，可根据需要选择平板阳雕、阴雕、雕字雕框、堆灰漆雕、漆金字、墨字等形式来制作。题词部分的雕刻方法有阳雕字、阴雕字、双勾字、阴阳雕字和漆字、墨字、贴金字等。

匾额字体的刻制多用凹刻、凸刻和双钩图刻，民间制匾以双钩凸刻为主。不论何种刻法，以字体凸显形象生动为上，以加强对字体的理解和内涵的掌握。字数主要分两字、三字、四字、五字四种。

> **延伸阅读**
>
> ### 匾额的制作工艺
>
> 匾额的工艺制作，主要分为以下几种工艺：
>
> 1. 平板雕匾：平板阳雕，也称"浮雕"，指图案凸起来雕刻的手法；平板阴雕，也称"沉雕"，指图案凹下去雕刻的手法。
>
> 2. 雕字雕框匾：工匠将匾式上的题词样式、上下款的文字，雕刻在事先准备好的木块或木条上，之后进行边框雕刻。
>
> 3. 堆灰漆雕匾：工匠在木板上用笔描出题词字样，再用漆灰堆出文字效果和上下款，一边在木框上描出需要雕刻的各种图案，再经过装饰、打磨、填漆、上漆、描金或贴金等而成。（参考武平客家匾额博物馆的相关介绍）

2. 颜色背景

客家匾额的颜色种类繁多，有黑底金字、红底金字、黑底绿字、木色底绿字等。其中，以黑色金字居多，也有刷大蓝、红、棕色油漆的牌匾。平面匾存世量最多，最具代表性。平面匾以黑底金字匾和红底

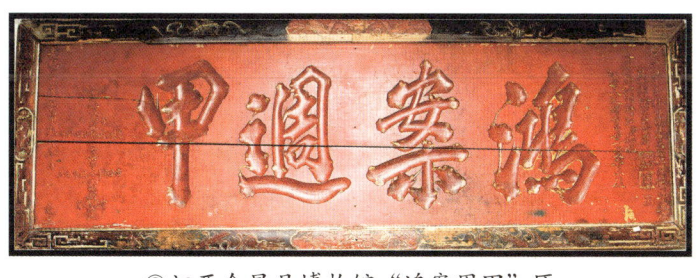

◎江西会昌县博物馆"鸿案周甲"匾

◎"婺焕中天"匾　图源：《百匾大观》

◎福建武平树德堂客家匾额博物馆"勤俭堪风"匾

◎"健德日新"匾 图源：《品藏匾额》

金字匾为主，色彩浓艳，对比强烈。除贴金匾外，也有以色漆描字的，常见的是豆绿色，此外还有镶嵌象牙、兽骨或螺钿字的。

磁青底金字匾额神秘威严，鲜艳夺目，过去为皇家专用，如今也为众多商家采用以示招揽。多种信仰和文化观点也反映在匾额的用色上，如佛教黄常用于寺庙道观，代表水的绿色多用于金融商业等，颜色用漆以起膜性醇酸类漆为主，而速干的硝基类漆也时有采用，但高档匾额仍采用传统的生漆和金箔字。

延伸阅读

真金字匾

真金字匾，就是在字上敷贴金箔。贴金是传统漆艺中的一个重要工艺门类，贴金工艺很有讲究。首先调制金胶要根据四时变化掌握好材料比例、稀稠程度和干燥程度。其次，涂金胶必须要均匀，掌握好"火候"，要贴得平整、严实、光洁、鲜亮，无明显接口。

贴金是一种古老的工艺，当匾额上了几遍大漆后，在需要贴金的地方工匠用宣纸吸去上面多余的漆液，待其将干未干之际，用镊子夹着纯金箔（俗称"金叶子"厚度在 0.12 微米）用笔轻轻地贴在匾额上面，贴完金箔后刷一层透明大漆或桐油，也叫"盖金"。贴金不仅使匾额富丽堂皇，美观大方，还具有长期不变色、防霉变、防潮湿、耐腐蚀、防虫咬等作用。

3. 装饰工艺

匾额上各种表示吉祥、安宁、祥和的字与纹饰，自古以来就被认为是福瑞喜庆、诸事顺利的象征，充分表达了我国人民的吉祥愿望、幸福追求、美好观念和欣赏趣味。

边框是精品匾额的重要组成部分，是一方匾额的神气所在。通常以中国传统工艺美术中的吉祥纹样为蓝本，依据需要，恰到好处地采用高浮雕、浅浮雕、圆雕、半圆雕、镂空雕、阴雕、线刻等多种技法和相应的工艺进行边框装饰。

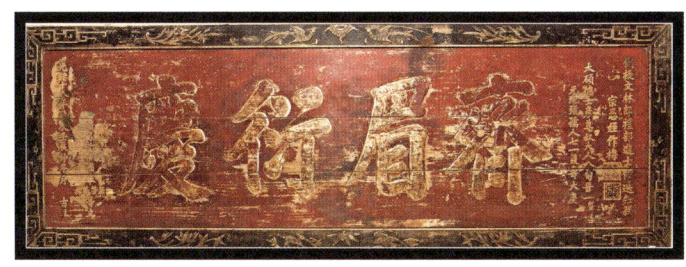

◎"齐眉衍庆"匾　图源：《百匾大观》

许多匾额的边框上会雕饰龙凤、祥云、花卉等纹案。当然，封建社会对阶级地位有着严格要求，匾额的装饰纹样同样受到阶级身份的限制。许多纹饰在封建社会是不允许普通百姓使用的，高规格的纹饰如"蟠龙纹""万字纹"等，较多运用在皇家园林、宫殿、祭祀建筑中。

同时，匾额的雕刻内容也与匾文及当地民俗文化有关，园林匾额常咏景抒情，匾额的装饰纹样也以花草为主；宗教匾额则会使用"万字纹""连云纹""回形纹"等，纹饰较多；饰以蝙蝠与祥云底纹，寓意福寿双全的"寿字纹"多用在祝寿匾之中。同时，受到畲族和瑶族人民的文化影响，赣南客家匾额也呈现出部分属于畲族和瑶族的图案和纹样，如"双凤朝阳"等。

延伸阅读

匾额的装饰工艺

带框的匾额是由匾心、匾首、匾舌和匾带四部分构成的。匾额的最后一道工序是装饰工艺，好的匾额除了书法精湛、制作工艺考究，最让人赞叹的是它的装饰工艺。匾心，即题词的部分，是匾额的"精华"所在。

匾心的装饰工艺有：矿物彩加细螺钿浮雕贴金四季花金字、黑字；矿物彩加金砂底浮雕贴金四季花金字、黑字；矿物彩彩绘花蝶加点皴黑字、云蝠金字；矿物彩浮雕并蒂牡丹、团花锦地花蝶云蝠开光金字；红漆金字、黑字、贴金字；黑漆金字；矿物彩加金砂底黑字、红字、金字；螺钿加金砂底红字、黑字、金字；霁蓝底金字、红字；矿绿底金字、黑字、堆灰黑字；整版贴金沥粉花鸟、沥粉人物、彩绘祥云与皮球花、浮雕四季花、琴书、蟹、跃鱼；矿物彩加金砂粘贴薄螺钿兰竹底黑字。更令人惊叹的是还在字的笔画中装饰优美的纹饰，不仅使题词内涵鲜明，而且更加绚丽夺目。

边框部分：上部的为匾首，下部的为匾舌，两侧的为匾带，这三部分合在一起统称为边框或匾缘；有些匾在两侧还带有角插。边框是精品匾额的重要组成部分，是一方匾额的神气所在。工匠们通常以中国传统工艺美术中的吉祥纹样为蓝本，依据需要，恰到好处地采用高浮雕、浅浮雕、圆雕、半圆雕、镂空雕、阴雕、线刻等多种技法和相应的工艺进行边框装饰。

常见的边框题材大体有以下几种类型：

1.吉祥物类：有龙纹、螭龙纹、夔龙纹、拐子龙纹、麒麟纹、凤纹、夔凤纹、暗八仙纹、八宝

（八吉祥）纹、杂宝纹、方胜纹、云纹、如意纹、瓶花纹、瓶插三戟纹、忍冬纹、莲瓣纹、蕉叶纹、宝相花纹、缠枝花纹、铜钱纹等。

2. 人物类：有福禄寿三星、郭子仪上寿、姜太公钓鱼、吹箫引凤、王子乔吹笙、加官晋爵、王母庆寿、老子出关、麻姑献寿、东方朔偷桃、八仙人物、和合二仙、天官赐福、刘海戏蟾等。

3. 动植物类：有蝙蝠纹、狮子纹、鹿、鱼跃龙门、金鱼纹、龟鹤纹、鸠纹、喜鹊、鹭鸶、鸳鸯、绶带鸟、白头翁、蟹、蝴蝶、蜜蜂、猴子、大象、松柏、翠竹、水仙、柿子、海棠花、灵芝、仙桃、荔枝、佛手、石榴、牡丹、荷花、菊花、茶花、月季、梅花等。

4. 文字类：主要有寿字纹、卍字纹、回纹等。另外，还有书剑、锦轴、琴棋书画等彰显风雅身份的纹饰。

此外还有一种素框匾的装饰工艺，即匾的边框部分不雕刻任何图案，用外框大、内框小的木条钉出边框的形状，然后用两到三种颜色搭配烘托出边框的效果。（参考《匾额品藏》石禄生编著，福建美术出版社）

三、人文精神

匾额堪称中国传统文化的重要载体。它以融汇题句吉语、辞赋诗文、书法篆刻、彩饰雕造为独特样式，集文、印、雕、色为一体，形成极富历史内蕴和视觉审美的文化符号。一块块匾额历经百年风雨洗礼，见证了一个家族的人文史，一段文化的兴衰史。看到这些匾额，就仿佛触摸着几百年的历史，感受到了人文历史的厚重，深刻体会到中华优秀传统文化的魅力。

赣南客家匾文善于用简单的文字来表达高深的意境和道理。例如，赣南客家匾额中的"萱堂衍庆""萱荫春晖"中的"萱"，代指"萱草"，萱草通常表示母亲或对母亲的爱。在古代社会，不少游子临别之前往往会在堂前种植萱草，以减轻母亲对自己的思念。由此可见，传统文化通过匾额习俗以潜移默化、润物无声的方式，达到熏陶子女、培养孝心的目的。

客家匾额作为中国的独有文化，可以看到主人的尊贵地位和高深学养，也可以了解当地的民风民情，蕴涵着十分丰厚的民俗文化内容。匾额既是一幅幅美妙绝伦的书法作品，更是展示厚重文化的标志性符号。如今，客家匾额已逐渐成为一种独特的文化遗迹和文化现象。可以说，一块匾额就是一段历史，一块匾额就有一段风俗。

1. 文明教化

匾额往往揭示了房主姓氏的荣耀、家庭管理与教育、做人修养与处世之道，有传承文化、凝聚人心的教育作用。在一定程度上，反映了主人的生活理念、精神面貌和乡风文明。

随着大姓家族在基层社会的影响力日趋重要，赣南客家匾额逐渐成为具有教化乡邦和乡村管理功能的主要载体，在历代官方与民间乡绅的共同努力下，利用匾额这种民俗文化，对乡村治理与教化的作用不断得到完善和发挥。

2. 客家风情

常言道，一方一俗，客家匾额就是客家人的奇特风俗。客家匾额是融书法、绘画艺于一体的民俗文化现象，有着深厚的文化蕴涵。客家匾额习俗起源于客家先民南迁后方便"同宗认祖"，后在长期生产生活过程中得到客家先民们的传承和发展，内容也更加丰富和完善。作为一种文化艺术形式，客家匾额习俗反映了当地的淳朴民风和优良传统，传承了客家人情感血脉的认同，浸润了化不开的客家乡愁和客家风情。

3. 昭示礼俗

匾额作为一种文化载体与各地的民俗民风密不可分，除了它具有的昭示作用外，在祝颂、庆贺、表彰、褒扬等社会活动中也多有采用。在中国古代社会，匾额存在于不同社会阶层之中，在基层百姓中最为普遍。匾额有传承传统民俗文化的价值，保留着社会民俗的记忆。

民间根据礼节和风俗，在人际交往中也有匾额交流。如：建屋落成时的"华堂永昼"匾、添子的"文曲星耀"匾、庆贺老人寿诞送"松鹤延年"匾、四世添丁送"四世同堂"匾、送名医则"华佗再世"、送老师则"桃李满园"等。

◎"家学克承"匾　图源：《百匾大观》

◎"七世名荣"匾　图源：《百匾大观》

◎"桂馥华堂"匾　图源：《百匾大观》

4. 掌故逸事

客家匾额散发着厚重的历史气息，讲述着岁月的故事，沉淀着时间的洗礼，彰显着家庭的荣光，是客家人追求美好、崇尚文明的生动表达。匾额常用来歌颂和褒奖有功者或道德高尚者，简短的语言中寄托了深远期望。客家建筑上的匾额文字，往往都比较文雅，或含有典故，或出自经典。

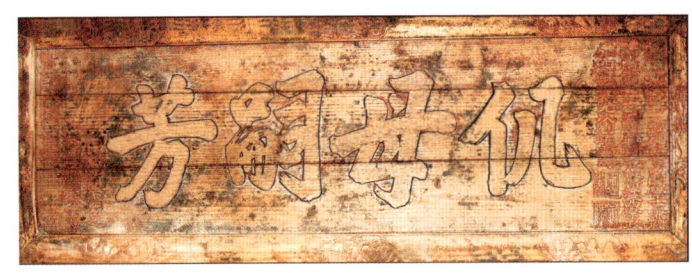

◎"仉母嗣芳"匾 图源:《百匾大观》

◎"陶柳母范"匾 图源:《百匾大观》

名含掌故,力播良善美德之魂。例如:杨姓的"四知堂"堂号匾(天知、地知、你知、我知),出自东汉杨震拒收贿赂的故事。挂于赣南黄氏家庙的"敬忠恭"匾额,《修身》有言:"体恭敬而心忠信,述礼仪而情爱人。"意为在家恭敬,在外谨慎而待人仁忠,其讲究的是做事敬、执事恭、与人忠。

5. 家族谱系

树不离根,水不离源,人不忘祖。为崇宗报德、慎宗追远,赣南客家民间尤为重视修建祠堂、续修族谱且十分讲究郡望,以此来标榜自己的姓氏、族望和根源。匾额就像一根红线,把同宗同谱人的思想感情连接在一起。

赣南客家先民修建的各种祠堂,都有挂堂匾和其他匾额的习俗。其内容或展示客家人迁徙发展的历史,或叙述先辈的嘉德懿行,或表达房屋主人的行为处事准则,意在褒扬先辈功绩,垂训后人创业。

从家族谱系发展看,不是单一的,而是群体性文化传承谱系,随着家族的繁衍而世代相传,客家匾额起着明显的"姓氏标徽"作用。

延伸阅读

姓氏标徽

每一块客家门匾都是一套"微型族谱",蕴含着大量的历史信息,是客家人尊宗念祖、家族兴旺的

◎"遇贵堂"匾 图源:《品藏匾额》

◎陈氏门匾

重要标志。

在赣闽粤等地民居的大门口、厅堂或楼房上，往往悬挂有与该姓氏堂号有关的匾额。由于根在河洛，在其所修的祠堂、宗谱中，郡望、堂号都以河洛原郡、县之名为宗，如颖川郡、荥阳郡、弘农郡、陈留郡、颖川堂、弘农堂等。因此，陈姓堂匾用"颖川世泽""颖川衍派"；黄姓用"江夏流芳"；张姓用"清河世泽""渔阳惠政"；李姓用"西陇世泽""北海名流"；林姓用"西河世泽""九牧衍派"；等等。

四、文史知识

"以匾研史，可以佐旺；以匾研涛，可得涛眼；以匾学书，可得笔髓。"

匾额大都辞藻华美、书法精湛、言简意赅，如同一面镜子，反映当时的政治、经济、文化、艺术、民俗民风等，有补史证史的功能。匾额和匾额习俗对我们研究古代文书制度、封赠制度、官吏制度、科学制度，提供了珍贵的实物资料。

1. 文书制度

古代文书制度指中国古代朝廷或官署关于文书的发布、执行和管理的制度。在封建时代，皇帝的诏令是国家最重要的公文形式。凡军国要事、法律命令、赏赐封赠、刑罚惩戒、田赋徭役、天文历法等一切有关国家的大政方针和重要事务，都以皇帝的名义颁发诏令一类的文书来进行处理。

独具特色的古代文书制度在客家匾额中有不同程度的反映，为我们研究古代文书制度提供了生动的素材。

◎福建武平客家匾额博物馆文书匾

古代文书制度小常识

皇帝诏令类文书有：制、诏、策、敕、册、诰、旨、令、谕等。各种名称的文书在使用上各个朝代是不同的。唐代发布政令的常用文书是敕，宋代是御札和敕牒，元代是圣旨，明代是诏书和敕谕，清代是上谕和寄信。

2. 封赠制度

客家匾额的题匾者大都是有一定社会地位的达官显贵，他们的官位、爵位，在匾额中都会有显著标榜。要读懂这些远去的称谓，就必须深入了解中国古代的封赠制度。

最早可以追溯到汉魏时期的封赠制度，其基本逻辑为，皇帝给予大臣以及其妻室和祖先以官爵或者名号。史书记载：官员本身称授，其曾祖父母、祖父母、父母及妻室，生者曰封，殁者曰赠。

在这种制度之下还产生了诰命和敕命的区别。所谓诰命，包含着以上告下的意思；敕命，则是帝王封爵和告诫官僚使用的文书。具体而论，对五品及其以上的封赠制度，称之为诰命，六品到九品的则是敕命。

清代的封赠制度

清沿明制。清代也有同职官制度配套的封赠制度。清代职官分为九品，各品又分正、从两级，故清代职官有九品十八级。封赠制度规定，官员任职两年即可向朝廷请求封赠。就文官而言，各品级文官的封号是：正一品光禄大夫、从一品荣禄大夫，正二品资政大夫、从二品通奉大夫，正三品通议大夫、从三品中议大夫，正四品中宪大夫、从四品朝议大夫，正五品奉政大夫、从五品奉直大夫，正六品承德郎、从六品儒林郎，正七品文林郎、从七品征仕郎，正八品修职郎、从八品修职佐郎，正九品登仕郎、从九品登仕佐郎。

一品封赠可以推恩到曾祖父母；二品、三品封赠可以推恩到祖父母；四品、五品、六品、七品封赠可以推恩到父母；八品、九品官也可以请求将本身封赠"貤封父母"；七至四品官可以辞本身封赠而给其祖父母；若本身晋级加官，可以按规定将新得封赠推恩于长辈。

各品级封赠都可以推恩及于妻室。相比较于复杂的男性官员荣誉，女性的荣誉较为简单，大体上分为九等。首先是公侯伯等官员，不在品阶之中，

◎福建武平客家匾额博物馆"敕命"匾

因此他们的夫人公爵被称之为国夫人，侯爵被称之为侯夫人，伯爵被称之为伯夫人。之后一品到二品为被称之为夫人，三品为淑人，四品为恭人，五品为宜人，六品为安人，七品为孺人。

3. 官吏制度

客家匾额文化博大精深，其中蕴含的官吏制度知识特别丰富。官吏制度，可以指中国封建时代九品官中的任何一种官职制度，较低级的官吏由通过考试及格的人来充当。古代对官职的称呼十分讲究。官吏制度非常复杂，除在任的职事官外，还有散官、勋官、爵官，散官又分文散官与武散官。这些都在不同时期、不同地方的客家匾额上都有所体现。如：在匾额中出现"国子监祭酒"，其实就是国子太学的主官，从四品，因为古代公卿、大夫的子弟称作"国子"。

延伸阅读

从科举匾额中了解清代地方行政机构及官职

清沿袭明制，大致分省、府、县三级，总督、巡抚为掌握行政、军事、监察大权的高级地方官员，布政、按察两使为督、抚的属官。与督、抚平行的有驻防将军和提督学政，不过驻防将军只管八旗驻军；提督学政只管学校与科举考试，其权力不能与督、抚相比的。

◎福建武平客家匾额博物馆"图佐宣猷"匾

省以下有道的设置，道为监察区性质，不算正式行政区。道主要有分守道和分巡道两种，兼兵备衔，另有一些不属布政、按察二司的道，如海关道、管河道、督粮道、盐法道等。省以下为府，设知府、同知、通判等官，与府平行的有直隶厅，设同知、通判。

府以下为县，设知县、县丞、主簿等官，与县平行的为散厅，设置同直隶厅。在少数民族地区则设专门机构管理，即土司，一般分为两种：一种由军事部门管辖，如宣慰司、宣抚司、安抚司、招讨司、长官司等，其中还有投降清朝的土司官职由明朝直接承袭下来的指挥使司，长官为指挥使、宣慰使、宣抚使、安抚使等；另一种是由行政部门管辖，也设府、县等，官员称土知府、土知县，通常由少数民族头人担任。（参考中国科举博物馆策研部丁婷相关文章）

"三省六部"

"三省六部"中的三省为中书省、门下省、尚书省。隋唐时，三省同为最高政务机构，三省的长官都位同宰相。

尚书省下辖六部：吏部、户部、礼部、兵部、刑部、工部。各部长官称尚书，副职称侍郎，下有郎中、员外郎、主事等官职。六部制从隋唐开始实行，一直延续到清末。

据光绪朝《大清会典》及《历代职官表》记载，清代各部职官设有：尚书（从一品）、左右侍郎（正二品）、郎中（正五品）、员外郎（从五品）、主事（正六品）以及堂主事、司务、笔帖式、七品小京官等。

知府衙门内，设有吏、户、礼、兵、刑、工六房，是知府直属对口中央六部的办事机构。各房首吏称师爷，由知府雇请，多以落第之举人或秀才充之。

清朝礼部奖叙制度

在客家匾额中，经常可以看到题写人标榜加几级记录几次，这其实是清朝礼部奖叙制度的有关规定。

官员考核，一年一小考，三年一大考，即凡官员考核成绩优良，或有功绩者，可予以加级，而考核成绩不佳的或予以降级处理。对不足以加级或降级的，则以记录载之。

不要小看了官员考核"记录"，在过去"记录"是可以抵消降罚的，记录四次，可以抵降一级，记

◎福建连城明清牌匾陈列馆的圣旨匾额

录一次，可以抵罚俸六个月。在清朝很多史书上，会看到有些官员因为犯了小错而被罚俸六个月。如果此官员在过去考核时，曾被记录过一次，就可以抵消六个月的罚俸；同理，如果犯了大错将要被降一级处理，如果在考核中曾有四次记录就可以抵消降一级。

4. 科举制度

在众多用途的匾额中，最为古人所重的科举匾额，也称"功名匾"，是当年士子光耀门楣的象征。"选拔贤才"治理国家，是历代统治者的共同愿望。科举匾额多为主持科举考试的高级官员题写。这些科举出身的官员，书法造诣极高，榜书大字风格各异，观赏性强，用典丰富，博大精深。多数题匾人是进士出身，有不少是状元、榜眼、探花。从官职上讲，有宰相、大学士，多为总督、巡抚、学政、主考一类官员。

◎清嘉庆"文魁"匾 赣州市会昌县博物馆藏品

延伸阅读

浅说科举制度

科举，即国家设立各种科目，以公开考试的方式选拔人才的一种制度，科即科目，举即举士。科举制度产生于隋，兴盛于唐，发展于宋，强化于明，衰亡于清。隋文帝在开皇初年（581年），建立起科举考试的制度。中国科举制度的孕育和产生，历经了一千多年漫长的历史过程。

科举考试的程序，从科举考试诞生开始，一直在完善，直到明清时期才固定下来，成了定制。科举考试分三个阶段：地方上的乡试、中央的会试、皇帝主持的殿试。

乡试是省级的考试，举行的地点是各省的省城。乡试的时间一般是在农历八月份，所以乡试又有个名字叫"秋闱"。考官为皇帝任命的正副两位主考官，考生有秀才、贡生（生员中成绩优秀者）、监生（国子监学生）。乡试正榜取中者称举人。清朝年间，乡试新科举人第一名称解元，第二名称亚元，第三、四、五名则称经魁，第六名为亚魁，其余统称文魁，而武举人则称武魁，均由朝廷颁予20两牌坊银和顶戴衣帽匾额。匾额悬挂其住宅大门之上。

会试，又叫"春闱"。会试考生是各省举人和国子监监生，主、副考官均由皇帝任命。因为会试由礼部主持，所以又叫"礼闱"。通过会试的考生称为贡士，贡士中的第一名叫作会元。明代，贡士分两种情况：一为入京参加会试的举人，一为贡入国子监的生员。清朝时，会试中试者统称贡士。清制称会试考中者为贡士，再经殿试赐出身，乃为进士。但由于殿试不黜落参试人员，因此习惯上每于会试考中后即称进士。

殿试，主考官是皇帝。明清时，会试中第后称为贡士，贡士参加殿试中第后称为进士。进士又分三甲：一甲三人，分别是状元、榜眼、探花，为赐进士及第；二甲与三甲分别为赐进士出身与赐同进士出身。

从隋炀帝设立科考制度开始，历朝历代无数的文人士子都必须经过寒窗苦读，通过科举考试，最终才能踏上仕途之路。科举制度成为历代帝王为国家选拔人才的主要途径。从这种褒扬科举功名的匾上，我们可以看出，古代文人对功名的渴望，以及对科举考试的重视。

清代科举考试分为：童生参加童试，中试者称为秀才；秀才参加乡试，中试者称为举人（第一名称解元）；举人参加会试，中试者称为贡士（第一名称会元）；贡元参加殿试，中试者称为进士（按成绩分为三甲：一甲三名，第一名为"状元"，第二名为"榜眼"，第三名为"探花"，赐进士及第；二甲数名，第一名为"传胪"，赐进士出身；三甲人数最多，赐同进士出身）。

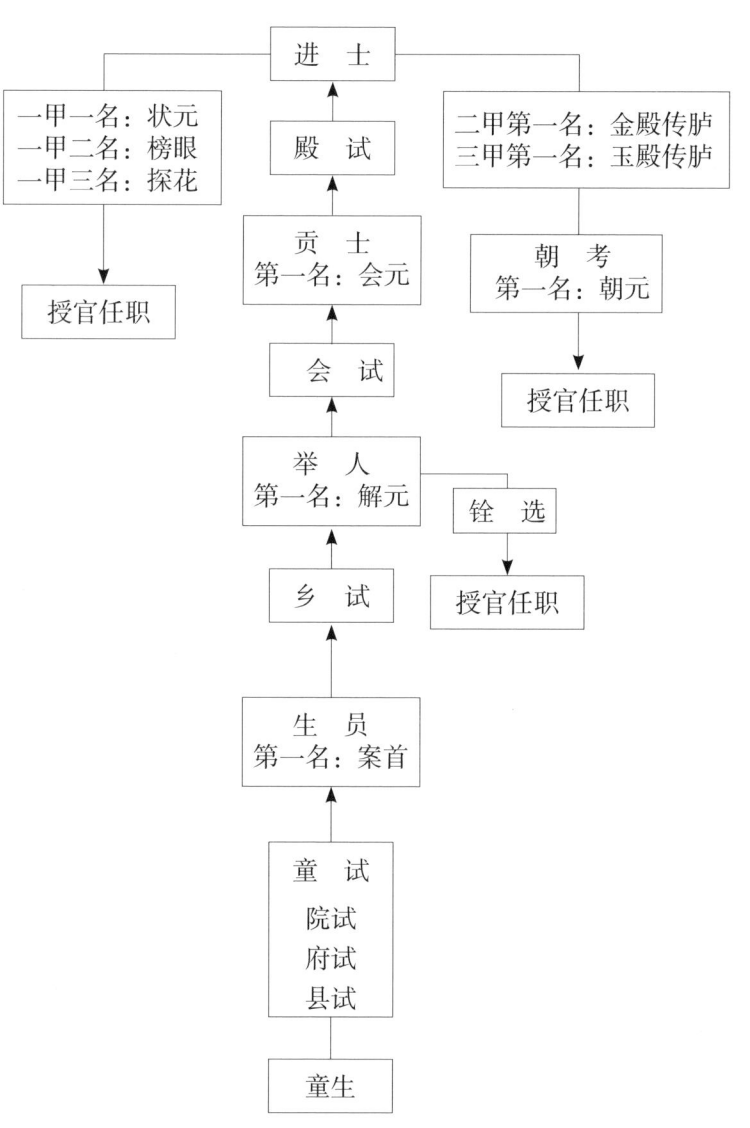

◎清代科举考试选官流程图

第五章
熠熠生辉的客家名人名匾

　　空间有限，韵味无限。以凡人之力，书写一段传奇，给后人留下一段最美的记忆。它是百姓的民意，也是流芳的意义，更是历史照亮现实的一块"活化石"。

客家匾额习俗源远流长，客家名人名匾百世流芳。

客家匾额沉淀着历史的印迹，映衬着古老的记忆，折射出独特的民俗，是活在当下，与客家先祖跨越时空对话的纽带，直击客家人的心灵深处。这些珍贵的艺术品，经过岁月沉淀，饱经沧桑，斑驳模糊，伤痕累累，芳华不再，但能够留存下来的匾额，都可谓九死一生，充满传奇色彩。让我们擦去厚厚的尘埃，去寻访匾额后面记录的一段段往事，去还原名人名匾额的别样风采，去细细领悟其承载的家风家训和荣耀时刻。

值得一提的是，在风云激荡的革命战争年代，特别是苏区时期，客家匾额和客家匾额习俗在动员参军、支援战争、激励斗志、弘扬正气等方面发挥了积极作用，现在还留存了一些镌刻苏区红色印迹的客家匾额，流传着关于客家匾额的神奇故事，弥足珍贵，光彩夺目。

一、"百忍传家"匾

在南康、上犹一带，凡张姓大门上，往往写有"百忍传家"或"百忍堂"字匾。说起这"百忍传家"的由来，还有一段趣事。

相传很久以前，南康有一个张家村，村中有一张员外，出身书香门第，为人乐善好施，扶危济困，善名远扬，人称张善人。

张善人年近四十，膝下尚无半儿一女。夫人多次劝他纳妾，以承继张氏门第，怎奈张善人不从。他认为夫妻恩爱，黄金难换，何况夫人尚在中年，何愁不生？当时，也有人借此恶意中伤，但张善人宽宏大度，以善为本，从不计较。

善有善报。不到一年，张夫人果然身怀有孕。十月怀胎期满，生下一个白白胖胖的男孩，张善人夫妇好不喜欢。夫妇俩给他取名叫继忍，精心抚养教育。继忍七岁时，张善人不惜重金，聘请名师教他读书。这继忍不仅生得一表人才，而且聪慧过人，各种书籍，能过目不忘。十二岁时，参加县试，中了秀才；十五岁时中了举人；十八岁时，正逢大比之年，继忍进京赴试，金榜题名，中了头名状元。

殿试时，皇帝老子见新状元一表人才，龙心大悦。探得继忍并无妻室，便由当朝宰相出面撮合，招为驸马。

三日后，皇帝亲赐鸾驾半副，由总管太监护送驸马公主回乡省亲。一路之上，各级大小官员摆酒庆贺，迎上迎下，好不荣耀。

却说快马报到张家村，张善人合家喜气洋洋，村子里户户张灯结彩。驸马公主一到，锣鼓喧天，载歌载舞，好不热闹。

当晚，正当大家欢欢乐乐就要开席之时，谁知从厅外忽然闯进七个乞丐。只见一个个衣衫褴褛，面黄肌瘦，满身污垢，肮脏无比。他们旁若无人地坐上首席，提筷便吃，并口出恶言要新娘相陪，否则玉石俱毁，不得安宁。

◎ "百忍堂"匾

张善人见状，焦急万分，即请夫人、公主、驸马等人来后堂商议。公主开言道："人正不怕影斜，公公婆婆勿要惊慌。你们已忍了九十九忍，只差一忍便完成百忍声誉，今日莫非就应在媳妇我身上？依我看，就让众乞丐来新房安歇吧。"

张善人正待思考，家人来报，众乞丐已撞入新房，扬言要公主陪酒。公主即命丫鬟备酒。酒过三巡，公主铺好被褥、扇去蚊子，放下罗帐请乞丐们安歇。

这时，忽见红光一闪，从壁橱中走下一位红衣神女，她笑吟吟地对众乞丐说："众位哥哥，张善人一家真心为善，今日皆亲眼所见。不好多打扰了，都回洞府去吧。"说罢，众乞丐与女神化作一道白光而去。公主掀开罗帐，只见锦被上摆着一块闪闪发光的金匾，上书"百忍传家"四个大字。（参考《赣州名人名胜》）

二、文天祥题额"永镇江南"

兴国县枫边乡大乌山山巅之上有座古庙，相传建于唐代中宗神龙元年（705年），由于年代久远，

◎景炎二年（1277年）六月，文天祥开督府于兴国，其间为大乌山寺题写了"永镇江南"四个大字

历经沧桑，毁建数次。整座庙宇全用花冈条石砌成，规模壮观。正栋为玉皇殿，殿内佛像陈列，有钢铁铸的，有石凿的，有木雕的，还有陶制的，其貌庄严，威武神气。右为观音殿，神台上的观音娘娘坐于莲花之上，双手平摆于膝，相貌慈善。左为罗汉殿，十八罗汉各开口而笑，形态不一。

大乌山的命名有两种说法：一是远望大乌山，乌蒙蒙的一片，所以，人们就叫它"大乌山"；另一种，就是明洪武翰林学士解缙在山上庙里过夜，大风吹灭了蜡烛，庙里黑乌乌的，他开玩笑说："现在不是名（明）山，而是变成了乌山了。"于是，人们就戏称它为"乌山"。

南宋爱国英雄文天祥游历到此，惊叹于大乌山的雄奇，题写了"永镇江南"四字匾额；明朝进士邹元标也留下了"乌山仙境"四个字的珍贵墨宝。遗憾的是解缙题写的"捷足先登"牌坊在清末坍毁，仅留遗址。

三、王阳明题写"功泽弘庇"匾

翠竹祠始建于明朝成化年间。清同治十一年《会昌县志》记载：明正德十二年（1517年），时任钦差巡抚南赣汀漳等处、都察院左佥都御史的王阳明，在指挥闽粤赣三省八府一州官兵，平定漳南詹师富乱后，班师上杭。五月，王阳明从上杭移师大本营赣州，途经会昌。其时，遇天大旱，数月未雨，沿途所见，禾田干枯，百姓忧心如焚，民不聊生。

王阳明抵达会昌，就准备香帛牲礼，率诸将官、弟子及会昌乡绅，前往城西翠竹祠祈雨。在翠竹祠正殿，王阳明率众将官带头叩首跪于赖公像前，三礼过后，由司礼宣读他亲自撰写的《祈雨辞》："呜呼！十日不雨兮，田且无禾，一月不雨兮，川且无波。一月不雨兮，民已为疴，再月不雨兮，民将奈何？小民无罪兮，天无咎民！巡抚失职兮，罪在予臣。呜呼！盗贼兮为民大屯，天或罪此兮，赫威降嗔。臣则何罪兮，玉石俱焚？呜呼！民则何罪兮，天何遽怒？油然兴云兮，雨兹下土。彼罪遏逋兮，哀此穷苦。"三日内果然大雨。为此，王守仁亲笔题赐"功泽弘庇"匾额。

◎王阳明题写的"功泽弘庇"匾

延伸阅读

会昌赖公庙会

会昌县翠竹祠赖公（俗称"显应公"）庙会，俗称"菩萨出街"，是一项流传延续500余年的民俗活动，现为江西省省级非遗代表性项目。

赖公在会昌民间流传甚广，始于明代成化年间。据旧志记载："金保舍人，名垒，邑庠生。赖神祠之建始于垒。"明正德年间，因南赣巡抚王阳明在会昌翠竹祠（即赖神祠）祈雨应验，从此名声大振。清咸丰年间，赖神又被拥戴为成功抵御太平天国军队入侵会昌的神明。同治年间，会昌士民奏请禀报朝廷给赖神赐封，同治三年（1863年）十二月，穆宗皇帝御批：以神灵助顺，加江西会昌县赖公祠封号，曰"显应"。从此，赖公又称"显应公"，成为赣闽粤地区享有盛名的地方神祇。

明清以来，会昌城乡约定将每年农历七月初六定为庆祝赖公诞辰并举办盛大的庙会活动，时间四天（农历七月初五至初八），庙会以祭祀娱神为主题，活动内容主要有：祭神祈福、游神、娱神活动、品尝客家小吃等。

会昌县翠竹祠赖公庙会历史悠久，流传地域广泛，参加活动的人数众多。在历代统治阶级和地方

◎赖公庙会菩萨出街

官员、士绅的推动下，庙会活动整合和凝聚了不同的社会群体，形成和谐的社会秩序，为当代社会管理提供了历史参考，具有较高的历史文化价值和学术研究价值。庙会娱神活动表演"上刀山、下火海"，过火炼、烧花架、起马脚等，以及民俗活动如祈福、谢福、打醮、祭祀祈愿、开五行、游神（菩萨出街）等都具有很高的民俗传承价值和学术研究价值。翠竹祠的主要藏品，如菩萨、游神轿子、灵刀、道教法器、经书等，都具有较高的文物价值和学术研究价值。（参考《赣州非遗大典》）

四、罗洪先题写"庄溪草堂"匾

罗洪先（1504—1564），字达夫，号念庵，江西吉水人。罗洪先是明代著名的地图学家、理学家，是影响江西阳明理学的关键人物。

明嘉靖年间，罗洪先曾经在会昌庄埠讲学。关于这一事迹的记载，主要见诸清代《赣州府志》《会昌县志》以及会昌胡氏族谱等史料的片段记述之中。旧县志中还收录了仅存的两篇罗洪先与胡庄溪的书信交往与诗歌。

罗洪先于嘉靖八年（1529年）举进士第一（状元），授翰林院修撰。嘉靖十二年（1533年），罗洪先归吉水奔父丧。后来，他的母亲又于嘉靖十六年（1537年）去世。父母的连续丧亡使得罗洪先从嘉靖十二年归乡后，直到嘉靖十八年（1539年）才奉召拜春坊右赞善，返京师任职。在居故乡吉水的6年间，他常常与于都的何廷仁、黄弘纲两人交往，共同切磋阳明理学之精妙。

罗洪先与会昌庄埠胡庄溪相识乃至交好，起于何、黄讲学之地于都。从罗洪先撰写的胡庄溪墓志铭叙述的情况看，大约在嘉靖十七年（1538年），即罗洪先"服阕入京"的前一年，二人在于都何善山处与庄埠胡庄溪父子共同传承阳明心学，相处久了，彼此逐渐熟悉。而胡庄溪对罗洪先更是敬仰有加。因为罗洪先是状元郎，而胡庄溪自己虽然是一方富绅，却尚未取得功名。胡庄溪已经48岁，便把全部希望倾注在两个儿子胡夷简、胡恕简身上。

胡庄溪先是与罗洪先以学兄学弟相称，因胡庄溪比罗洪先年长13岁,罗洪先亲切称他为"老道兄"。在这位老道兄的再三请求下,罗洪先遂纳夷简、恕简为学生。这一年,胡夷简刚满10岁,胡恕简21岁。

嘉靖十九年(1540年),罗洪先因上疏请皇太子出御文华殿受群臣朝贺,触怒了嘉靖皇帝,被除名谪为民。此后,罗洪先不再出仕。20余年间,罗洪先家居吉水,经常带领门人出游讲学。

罗洪先归田后,与胡庄溪父子继续保持了相互间的密切交往。大约在嘉靖二十二年(1543年)至嘉靖三十年(1551年)之间,罗洪先曾应邀数次来会昌庄埠出游讲学,对胡夷简兄弟、赖贞等人进行开讲授课。胡庄溪的热情敬重,使罗洪先很是感动,他特为胡氏兄弟讲学之处题额为"庄溪草堂"。庄溪草堂亦成为会昌明代较早讲学的书院。(参考李建平、宋瑞森编著《会昌春秋》,中共党史出版社)

◎罗洪先题写的"庄溪草堂"匾

五、戚继光书"善世堂"匾

位于广州市番禺区石楼镇石一村的陈氏宗祠,又名"善世堂",是番禺四大名祠之一,同时为广州地区最老的陈氏祠堂。

◎戚继光题写的"善世堂"匾

"善世堂",始建于明代嘉靖年间,迎面墙以米黄、青灰色砖砌成的假窗,图案生颖,风格独特,为祠宇中罕见。祠堂正中悬着的"善世堂"木匾,乃明代抗倭名将戚继光所题书。相传石楼人陈大有任福建仙游县知县时,突被倭寇包围,陈组织兵民坚守城池并向戚继光求援,后与戚继光里应外合歼灭倭寇。

善世堂,以《易·乾》中的"善世而不伐,德博而化"之意而名,意思是做善事而不夸耀,德行好足以教化他人。善世堂最为出名的是三进大堂里的"善世堂"金漆招牌。这块"善世堂"匾额被《中国名匾》一书收录。

六、戴衢亨题"孝友堂"匾

在江西省崇义县扬眉乡一个普通的农家厅堂上,

至今还悬挂着"孝友堂"横匾,以及"八旬夫妇齐眉,四代儿孙绕膝"的对联,提起这匾和对联还有个故事呢!

据说乾隆五十二年(1787年)春的一个傍晚,南安府(治所在今江西大余县)状元戴衢亨骑着高头大马从崇义县扬眉乡华坪村经过,猛然看见一钟姓家屋里红烛高照、宾客满堂,便下马来到这人家门前,向六旬主人打听:"问贵府宾客满堂、热闹异常,有何喜庆?"主人回答道:"母亲大人欣逢生辰,今天特邀亲朋好友,共聚一堂,便宴款待,聊表寸心!请问先生贵姓?"戴衢亨听了频频点头,又看了看厅堂说:"贵府八旬老母生辰,未挂匾立对?"主人忙解释:"不瞒先生,鄙舍家寒,债台高筑,不敢……"

戴衢亨对穷人非常了解、同情,稍寻思片刻,便说:"请拿文房四宝让小人为贵府题上几字!"不料主人慌忙劝阻,说:"如若挂匾、立对,斜对面的邓财主马上就要前来逼债!"众宾客也频频劝阻。戴衢亨毫不在乎地说:"请放心,我既敢写字,就敢保贵府平安无事!"

主人听如此说来,便不再推托,叫人取来文房四宝,在厅堂饭桌上铺开鲜艳的红纸。戴衢亨卷起袖口,提笔写来,挥洒自如。一会儿工夫,横匾"孝友堂"和对联"八旬夫妇齐眉,四代儿孙绕膝"写就了,字迹苍劲秀丽、乌亮、红黑辉映、分外夺目。戴衢亨写完这些字,就放下了。众人以为他要休息,哪知等了一袋烟工夫,还不落衔(名)。有个年轻后生急不可耐地说:"请先生落衔吧,不然不好安席!"戴衢亨却若无其事地说:"不落,请赶快把匾挂起来,把对联贴起来!"众人只好如此照办。

哪里知道,横匾、对联挂起还没有一刻工夫,斜对面的邓财主便带着一帮凶奴前来逼债。邓财主不问三七二十一,伸手就要去撕匾扯对。主人和宾客各个怒目圆睁。戴衢亨急忙抬手相拦:"且慢动手!有话好说。"邓财主振振有词地说:"钟家小子,欠我稻谷十五石,其母祝寿,非但大摆酒席,还要挂匾贴对,不知摆何等架子?"

戴衢亨解释道:"钟母祝寿,只设便宴,饮粗茶,吃淡饭,不知诸君看见没有?原先,钟家并未挂匾贴对,要怪就怪我好了!"邓财主吼道:"你是什么人?竟敢如此大胆妄为!"戴衢亨默不作声。

邓财主望着墙壁上的匾额和对子说:"你题的匾、写的对子,为什么不落衔?"戴衢亨说:"鄙人乃一普通百姓,不落为上!"可邓财主咬牙切齿地说:"今天一定要你落!非落不可!"主人和宾客

◎戴衢亨题写的"孝友堂"匾

都给先生打气地说："好，好，先生，要你落就落吧！"戴衢亨怒目斜视了一下邓财主，接过笔，分别在横匾和对联上飞快落下"状元戴衢亨"的衔。

此时，不落则可，一落犹如晴天霹雳、五雷轰顶。邓财主连忙下跪求饶，众帮凶个个面如土色，夹着尾巴而逃。主人和众宾客一见是戴状元，也纷纷下跪拜谢。戴状元将主人和众宾客一一扶起，然后大家簇拥着戴状元坐上首席，共进晚宴。

事后，钟家为纪念这件事，把戴状元题写的匾和对联，用阴刻的字体雕在木板上，一直保存至今。

（参考《赣州名人名胜故事》）

七、苏凌阿题写"励洁明干"

"励洁明干"匾，系清乾隆六十年（1795年）兵部尚书、署理两江总督、大学士苏凌阿题赠给会昌正五品武官曾绍兰，以赞扬他"为官勤、慎廉洁"的品格和功绩。

曾绍兰（1732—1815），字义堂，雍正十年（1732年）五月出生于会昌县筠门镇盘古村。天资聪颖的曾绍兰，经史及百家之言过目不忘，从小就有大志向。长大后，他认为做学问不足以报效国家，所以弃文从武。乾隆二十一年（1756年）考取丙子科武举，乾隆三十四年（1769年）授江南泗州卫（今安徽省泗县）千总（从六品武官），不久调任建阳卫（今福建省建阳区）千总。之后擢升滁州卫（今安徽省滁州市）守备（正五品武官），后又调任安徽凤阳掌印守备。在任期间，地方发生疫情，曾绍兰积极施舍治疗疫病的药丸，救活了很多官兵、百姓。当时，凤阳府一带经常闹饥荒，百姓食不果腹，曾绍兰与同僚一同奉命赈济灾民，他亲力亲为，挨家挨户清查和发放救灾物资，使得刁滑奸佞之徒没有空子可钻，灾民真正得到救济和实惠。上级官府怀疑他用的救济物资过多，但曾绍兰内心坦荡，便直言上书自己没有私心隐匿救灾物资。经查，赈灾物资款项清楚规范、灾民数量均能对应，他也因公无私受到了上级官府的褒奖。卸任凤阳守备时，百姓都自发在路边夹道含泪相送。

曾绍兰作为守备，担负着镇守城池、护卫百姓平安的重大职责，管理着军队的总务、军饷、军粮。他在任职期间，始终忠于职责，兢兢业业，治兵严厉，从不克扣、挪用士兵军饷，有时候还会拿出自己的俸禄救济家庭困苦的士兵。他在督运军饷、粮草时亦十分严肃认真，从没出现过纰漏，经常受到上级嘉奖。乾隆六十年（1795年），时年64岁的曾绍兰任安徽凤阳卫守备即将期满，上级本想继续提拔曾绍兰，但他因年老多病而婉拒。时任"署理两江总督"的苏凌阿再三挽留他未果，便亲自题赠了一方"励洁明干"匾额，对他为官几十年"忠于职守、为民造福"的功绩给予充分的肯定和高度评价。

曾绍兰退休后，一直在家乡筠门岭镇盘古村生活，直到84岁去世。旧志记载，他"恤姻睦族，乐

◎苏凌阿题写的"励洁明干"匾

◎纪晓岚题写的"文明有象"匾

善好施",尤其是在乾隆和嘉庆年间,他对清代中期会昌县的民生和乡村社会治理表现了极大的热情和关注。他心系百姓、勤政廉洁的优良品格,深得会昌百姓和历任会昌知县的尊重和敬仰。(参考邹敏、宋瑞森编著《百匾大观——会昌百匾堂百匾考释》,中共党史出版社)

八、纪晓岚题"文明有象"匾

"文明有象"是清代大才子纪晓岚为福建连城学子江龙蟠题写的匾额。该匾工艺属于平板漆金匾。匾心推光漆黑底,阴刻,贴金字。

文明,指文采光明。《易传·乾·文言》:"见龙在田,天下文明。"孔颖达说:"天下文明者,阳气在田,始生万物,故天下有文章而光明也。"

有象,喻世事昌平、景象美好。"文明有象",形容文风开化,文章生动有文采,意在勉励受匾人积极进取,通过弘扬、传播道德,教化民众,更好地报效国家。

受匾人江龙蟠是塘前乡迪坑村人(塘前乡于1958年后划入连城县,原属三明清流县管辖),乾隆年间中秀才,与他的父亲江一诚一样,终生致力于村里的教育事业。父亲江一诚也是个读书人,凭借富甲一方的弟弟对他在经济上的支持,创立了云霄岩书院。江龙蟠中了秀才后,其父亲日渐衰老,为了书院和家乡的教育事业,父亲希望他能留在家乡担负起教书育人的重任。此后,江龙蟠坚守对父亲的承诺,没有再去参加科举考试,而是一辈子在村中与有志于教书育人的读书人一起,为本村培养了数十位考取功名者。据查阅《汀州府志》《清流县志》,清乾隆年间至嘉庆年间,迪坑村文风鼎盛,考取文武举人3名,贡生、庠生、监生30多名。

据村中老人说,"文明有象"匾额是乾隆年间在汀州当代理知府的迪坑人,为庆祝考中秀才的同乡江龙蟠,请当时到汀州督察府试的福建提督学政纪晓岚题写的。

题匾人纪昀(1724—1805),字晓岚、春帆,号石云、观弈道人,直隶河间府献县人(今属河北)。乾隆十九年(1754年)进士。官至礼部尚书、协办大学士。乾隆三十八年(1773年)充《四库全书》馆纂修官。清代政治家、文学家。卒谥"文达"。

纪晓岚学问渊博，能诗，善骈文，贯通群儒，旁及百家。著有《阅微草堂笔记》《纪文达公遗集》。（参考杨芳文章《芳芳说匾联——〈纪晓岚题匾文明有象〉》）

九、林则徐与"江左风流"匾

"江左风流"匾额原悬挂于冠豸山灵芝峰下"东山草堂"内。草堂是福建连城培养谢氏后裔的书院。东山，山名，东晋著名政治家谢安早期隐居之处。谢氏以谢安为荣，因以东山为书院之名。

连城城关谢姓开基祖谢七郎于南宋绍兴二十三年（1153年）从福建建宁迁入，是城关的名门望族。家族在清代颇有名望，人才济济。其中谢凝道是嘉庆年间戍边名官，在任内对巩固边疆做出一定的贡献。其子谢邦基是嘉庆十六年（1811年）进士，与著名的民族英雄林则徐同科，交谊甚笃。

清道光甲申年（1824年），林则徐应挚友谢邦基之请，为"东山草堂"题写"江左风流"匾额，意在勉励和褒奖谢氏子弟苦读诗书，继承和发扬先辈高风，报效国家。谢家得此墨宝，将其制成长195厘米、宽57厘米的贴金横匾，悬挂于东山草堂正厅。此匾1989年荣列《中华名匾》。目前悬挂在明清牌匾陈列馆内。

东晋年间，名门谢氏出了以谢安为代表的著名政治家，他的高雅人格和名士风范成为中国人的精神坐标。谢安家族运筹帷幄，在"淝水之战"中以少胜多的范例，为中华文化留下了宝贵的遗产。林则徐的题字，重提谢氏先贤往日荣光，意在激励谢姓后人继承和发扬先祖遗风。

林则徐（1785—1850），福建侯官（今福州）人，清代杰出政治家，思想家，民族英雄。他主持震惊中外的"虎门销烟"，表现出伟大的爱国主义精神，在30多年的政治生涯中，以重民思想对待人民，以改革精神对待社会，以廉洁自律对待自己，为后人树立了一座不朽的丰碑。（参考杨芳文章《芳芳说匾联——〈林则徐与"江左风流"匾〉》）

◎林则徐题写的"江左风流"匾

十、曾国藩题写"急公好义"匾

卢屋村位于江西省南康唐江镇，濒上犹江，三面环水，风景如画。这里崇文尚义，是一个人文积淀厚重的客家村庄。

史料记载，该村始祖卢世兴于北宋元丰八年（1085年）自遂川县龙泉乡迁到唐江镇龙泉巷（原太平圩）定居，以打鱼、做手艺为生。经过近千年繁衍生息，形成了现在人口超万人的客家大村名村。

卢屋村倡导"仁、义、礼、智、信"的道德理念和做人准则，培育了众多的文人武将，被人们称为"赣南人文第一村"。据《南康县志》《赣南卢氏族谱》等记载，卢屋村在宋、元、明、清间共出了13名文、武进士和30多名举人、700多名其他科举及第者。其中，名气最大的要数清朝乾隆年间恩科进士殿试第三名卢元伟，他一生聪慧过人、政绩显赫，在云南、江苏、广东等地任职时都留下了为人称道的功绩。民国时期，这里出过将军10人。新中国成立后，从这里走出来的教授、高级工程师以及博士、硕士和文化学者也有近300人。

卢屋村涌现出的众多历代贤能，为后人留下了丰富的精神财富，也为村庄留下了宝贵的人文遗产。卢氏宗祠，始建于明朝末年，已有近400年历史。宗祠占地面积近5000平方米，分为三个院落，正厅、中堂和前厅。正厅高悬"范阳堂"红底金字堂匾和祖宗牌位；中堂里有一口清泉池和两株金桂花、银桂花树；前厅里有三个子母拱门和两只巨型石鼓，大门外摆放一对巨型石狮和石制华表，华表上的对联对仗工整，蕴含忠孝节义的儒家思想。整村建筑设施布置科学，雕梁画栋、飞阁流丹、气势恢宏，体现了客家人对祖先的敬重和对居所的讲究。

除了宗祠外，在卢屋村还可以欣赏到许多具有历史研究、艺术审美价值的建筑物和景观，包括保存完整的20余幢明清建筑，民国时期修建的四合院式民居，用青石砌成的清代井台。一条条鹅卵石铺就的小巷，连接着一座座古朴的深宅大院，串起一个个动人的故事。

卢屋古村还与许多历史上的著名人物结缘。祠堂上厅大匾上"急公好义"四个大字，是清代军事家、政治家、两江总督、武英殿大学士曾国藩的手书，也成为卢屋村人的精神写照。明正德十二年（1517年），时任南赣汀漳巡抚的王阳明曾驻军卢屋村，他自己在卢氏祠堂住了一个多月。受卢氏家训的启示，王阳明给儿子写了一首训诫诗，教导他要理解良知真谛，知行合一，好学上进，扬善去恶。明嘉靖四十一年（1562年），海瑞任兴国知县时慕名来到卢屋村，参访卢氏宗祠，翻看卢氏族谱。

◎曾国藩题写的"急公好义"匾

2019年6月，卢屋村被列入第五批中国传统村落名录。如今，在乡村振兴春风吹拂下，古老的卢屋村正抒写着新的辉煌。（卢泽均、卢明亮／文）

十一、孙中山题写"天下为公"匾

广州中山纪念堂是广州人民和海外华侨为纪念伟大的革命先行者孙中山先生而筹资兴建的会堂式建筑，由我国著名建筑师吕彦直先生设计，于1931年建成，是广州近代城市中轴线上的重要节点。

◎孙中山题写的"天下为公"匾

广州中山纪念堂坐落在越秀山南麓，孙中山先生就任中华民国非常大总统时的总统府旧址上，总占地6.1万平方米，主体建筑占地1.2万平方米（含四周平台），堂高48.63米，南北纵深72.65米，是目前全球最大的孙中山纪念堂。纪念堂正面抱厦上下檐间，孙中山手书"天下为公"，蕴意深刻：国家为人民所共有，政府为人民所共管，国家利益为人民所共享。

十二、毛泽东题写"模范兴国"匾

客家血脉的大义忠诚，铸就了兴国人民与生俱来的反压迫、反剥削的斗争精神。在波澜壮阔的中国革命进程中，一大批优秀兴国儿女胸怀崇高革命理想，为争取民族独立、人民解放出生入死、屡建奇功，成长为共和国开国将帅。兴国将军之多，位居全国第三，被誉为共和国将军县。

兴国是革命烈士第一县。兴国人民具有大无畏的牺牲精神，为革命牺牲的烈士有5万多名，占全

◎毛泽东题写的"模范兴国"匾

国烈士总数的1/60，占江西全省烈士的1/10，烈士之多在全国县级行政区划中名列第一，其中有名有姓的烈士多达23179名。苏区兴国县仅23万人口，就有8.5万人参军参战。在慰劳红军、优待军属、筹集军粮、节省经费、发行公债、发展生产、普及教育等工作中，都创造了第一等的成绩，无愧于毛泽东授予的"模范兴国"的荣誉。

土地革命时期，毛泽东、朱德等老一辈无产阶级革命家亲自指导了兴国的革命实践，兴国人民创

造了"第一等的工作",兴国成为中央苏区的核心区域和模范县。苏区时期,兴国县的工作作为模范和典型,经常受到上级党和苏维埃政府的公开表扬。

1934年1月,毛泽东在第二次全国工农兵代表大会上称赞"兴国的同志们创造了第一等的工作,值得我们称赞他们为模范工作者",号召"要造成几千个长冈乡,几十个兴国县",并欣然亲笔题写了"模范兴国"四个大字赠予兴国的代表,兴国将它制成四块匾额,悬挂在县城东西南北四个城门上,"模范兴国"从此闻名遐迩。如今潋江书院悬挂的"模范兴国"牌匾就是根据中华苏维埃共和国临时中央政府颁发的"模范兴国"奖匾复制而成的。

十三、胡灿"也是居"的故事

在革命老区兴国县城,有一栋特别的房子——"也是居",这是中共兴国县委第一任书记胡灿的住宅。胡灿,黄埔军校三期学员,中共江西兴国县委第一任书记。他身居陋室,心系天下,"也是居"三字,既彰显了共产党人艰苦朴素的情怀,也映照出了共产党人崇高的革命乐观主义精神。

1895年,胡灿出生在一个贫寒的制伞工人家庭,1924年考入黄埔军校第三期步兵科,次年春加入中国共产党。当时,胡灿的本家堂叔胡谦在孙中山的大元帅府任军政部次长。若胡灿想升官发财,这是非常难得的一条门路。然而,胡灿对这条门路不屑

◎也是居

一顾。

一天,胡谦派人把胡灿找去,寒暄一番后对他表示想在胡家祠附近盖一栋房子,只是那里有胡灿家的一块宅基地,若胡灿能说服其父出让宅基地,胡谦愿以西街的饭店作为交换。

胡谦开出的条件是优厚的,但胡灿的父亲此前已明确表示拒绝出让宅基地,胡灿也考虑到自己与胡谦信仰不同,走的不是一条道,因此对胡谦的要求断然拒绝。后来,胡谦在屡次纠缠未果的情况下,只得缩小规模,在胡家祠旁盖了一栋漂亮的小洋楼,还题名曰"颐养轩",意为颐养天年。

1925年3月,胡灿报名参加了黄埔学生军先锋队,讨伐叛军陈炯明,不幸在惠州战役中负伤。次年胡灿回到兴国家中养伤,他用养伤津贴盖了一栋房子,正好在颐养轩的对面。房子仅有三间,土墙瓦顶,非常简陋。胡灿并不认为这三间房子有什么

地方不如别人，在门楣上为房子题名"也是居"，大有与颐养轩针锋相对的意味。

1929年4月，毛泽东率红军来到兴国，指导兴国成立了革命委员会，胡灿任军事部部长。6月，国民党张与仁部队进犯兴国，胡灿率游击队作战。7月，他率部击毙了敌军一个团，包括团长在内多达30多人。敌人恼羞成怒，一面公开悬赏捉拿胡灿，一面纵火烧掉了胡灿的房子。

得知敌人烧了"也是居"后，胡灿写信安慰妻子，其中有这样一首诗："房子烧了不要紧，只求人在值千金。共产主义要实现，阶级仇恨永记心。"三间简陋的房子，不仅映照出了共产党人的朴素节俭，也映照出了共产党人的革命乐观主义精神。

胡灿率众收复县城后，重新修建了被敌人烧坏的房子。1932年胡灿牺牲后，兴国乡亲们把这栋见证历史的"也是居"一直保护至今。（来源：央广网）

十四、"芑园乡苏维埃政府"木刻横匾

在古田会议纪念馆第五陈列室悬挂着一块木制牌匾，上用行书横式阳刻八个大字"芑园乡苏维埃政府"，历经90余载沧海桑田，底色和金漆大部已经剥落，显露出原木本色，然木匾整体保存完好，不翘不裂，除了八个大字，没有任何的边工装饰，也没有印章及落款，小巧而不失庄严稳重。

◎第二次国内革命战争时期福建省上杭县"芑园乡苏维埃政府"木刻横匾

牌匾长158厘米，宽42.5厘米，以石青为底色，金漆描字，与古代传统的牌匾不同，传统的牌匾大部分长220厘米左右，宽70厘米左右，以推光大黑漆为底，描金大字，周边雕龙画凤，或饰花鸟虫鱼、亭台楼阁等吉祥图案，显得富丽堂皇，而这块牌匾以石青为底色，给人耳目一新之感。也许是早期的革命者为了和旧政权形成鲜明对比而有意为之，由此可见翻身做主人的劳苦大众对红色政权的喜爱和期待。

这块牌匾的八个行书大字，书风严谨中带着洒脱，一气呵成，圆韵流畅，可以看出书写者有深厚传统文化底蕴和书法涵养。牌匾的雕刻技艺也相当精湛，雕刻艺人运刀如笔，刀法圆熟流畅，一步步通过去废料，循序渐进，由表及里，由浅入深，运用平刀和圆刀，用浅浮雕的雕刻技法使八个大字凸显出来，保留了原书法的风格和韵味，连书法家运笔的力度和气息都纤毫毕现地表达出来，是一件难得的书法与雕刻俱佳的红色木刻艺术珍品。

闽西三十年红旗不倒，这块匾额是闽西苏区红色革命政权的历史见证，也是古蛟人民坚持斗争，

保留土地革命果实的见证者。此匾目前所知是闽西留存下来的唯一一块苏维埃政权牌匾，具有不可估量的历史价值和收藏价值。（参考上杭县古田会议纪念馆黄伟相关文章）

十五、舒同题写"郁孤台"匾

赣州市名胜郁孤台修葺完成后，更加雄伟壮观。赣州市博物馆邀请全国著名书法家为新建郁孤台题额，不知何故，求书函发出后，迟迟未有回音，遂进京求字，主要目标是去拜访中国书法家协会主席舒同。

舒同，1905年生于江西东乡，家境寒微，6岁起学书，14岁就为家乡某拔贡书颜体大字"如松柏茂"，拔贡赞誉不止。他1925年参加革命和长征，历任红军师秘书长、政治部主任、十八集团军总司令部秘书长、总政宣传部部长、山东省和陕西省委书记、军事科学院副院长、中国书法家协会主席。他的书法，少年和中年深得颜真卿神韵，20世纪60年代致力柳公权、何少苓研究，对大篆、小篆、隶、章、真、草、行七种书体进行广泛临写吸收，熔诸家之长于一炉，自成一体。毛泽东称舒同是"马背书法家"。

1984年11月17日，市博物馆李海根等人来到北京，通过总后勤部李真将军，打电话与中国军事科学院舒同同志的夫人王云飞，约好26日拜会舒老。

26日，李海根等人在交通繁忙的北京，经过几次"倒车"，来到中国军事科学院。事有不巧，他们得知舒同不得空，约会只好改在次日。

第二天上午10点，舒同夫人王云飞接待了他们，并说舒老"郁孤台"的题额早就邮寄去了赣州，不知什么地方出了岔子，你们至今未收到。夫人说求书的人一批又一批，让他们在会客室随意休息、看书。

舒同与夫人在专门写字的一间房里，从上午十点半写到下午一点半，两点钟出来吃了一小盘红薯后才休息。

王云飞同志留李海根一行在她家吃便饭，并抱歉地说，没有做江西老表吃的米饭，对不起，委屈你们吃馒头了。

下午4点开始，舒老又开始工作，为北京的一些单位写字。他的夫人告诉赣州去的人，写一般的字很快，你们赣州"郁孤台"三个字舒老没有写过，今天上午他还在练呢！李海根等人听了非常感动，舒老已经80多岁高龄，还这样谦虚和勤奋。

晚餐后，舒老又写"郁孤台"3个字到9点，还不满意。舒同夫人请参谋小赵送李海根等人到军事科学院招待所住宿一夜。这天下午武汉某部队政委来北京看望舒老，因为求书的人多，他也等了三天才见到。

第二天上午8点多他们就来到舒老家。当时，井冈山的几位领导也来求书。10点钟舒老将两幅作品，由夫人交给李海根，并亲自对他们说："你们回去后，代我向地委、市委的同志致意。'郁孤台'三个字我写得不满意。这次没有办法了，因为明天我要和中顾委一个组去广州、肇庆和海南岛。另外送一副对联给你们博物馆。"李海根向舒同及其夫人表示衷心感谢。舒老赠送的对联是"千岩泉洒落，万壑树萦回"。字写得圆润潇洒之至。

舒同身边的工作人员告诉李海根说，舒老刚从石家庄视察回来，大忙之后，身体没有受到什么影响，情绪很好，夫人也高兴。李海根等人估计了一下，舒同光写"郁孤台"三个字就练了三四个小时。一个名声极大的书法家，工作起来，态度这样严肃认真，真是非常令人敬佩。

如今，舒同书写的"郁孤台"三个字镌刻在郁孤台的匾额上，熠熠生辉。（甘云龙主编《名人与名城赣州》，中国文联出版社）

◎赣州郁孤台

第六章
客家匾额的那些人、那些事

是文化，也是符号；是功名，也是荣耀；是褒奖，也是传世之宝。你用豪情让世人惊叹，用传奇为后人写照。风霜斑驳了岁月，沧桑改变了色调，有人看到你的从前，更多人看到你的人生坐标。

匾额，在岁月中顽强地传递着自己的记忆，不断地向后代讲述着客家人的习俗。只有这些珍贵的记忆，才能证明匾额文化的不朽。

——题记

一、看匾——喜欢的风景，需要用心去读

关于翰墨生香的话题，还有文化遗存的魅力，就像是喜欢的一道风景，在心头日积月累地积攒着、叠加着，然后一直在某个不远的地方等着你去用心阅读。

怀揣着一个目的、在收拾行囊准备出行之时，那种仪式感是庄重的，也是虔诚的。甚至于想象着会有一种场景在眼前完美地呈现：当你不经意地走进某个古村落去寻觅和探访时，抬头仰望着那一块块悬挂在古祠堂、古建筑上方的有着数百年、逾千年的匾额，那一刻自己仿佛就站在岁月沧桑的历史面前，顿感时空倒流。看得愈久，愈觉中华文化之美。原来，人与匾额之间竟是如此两情相依、不离不弃。

想去看匾额，既是一种心情，也是一种感觉。每次匆匆来去，那种有许多话却难以说尽的愉悦，那种欲说还休的情绪布满心头，让人想到了初恋。后来的岁月中，与会昌县文化馆和多个有匾额的乡村熟悉起来，才让我有数次，甚至于更多的机会去了解这个地方。"常去"的愿望成了现实。从文化馆馆长到村支书、到解说员，都成了我相识的朋友。

终于又一次踏上了"看匾"的行程。

一个艳阳高照、魅力四射的日子，跟随《悬着的"眼神"》书稿采访小组一行，开始了出行之旅。

通过文字的表述和图片的形式，以传统民俗的视角，反映匾额的古老沧桑、匾额的厚重文化、匾额的人文历史、匾额的独特魅力和匾额的历史典故、优美传说以及艺术价值、文学价值、历史价值……这是一次全方位展示客家匾额历史文化与风俗变迁历程的采风活动。

会昌是此行第一站。往时间的深处回溯：会昌古称九州镇，自北宋太平兴国七年（982年）建县以来，会昌就有悬挂匾额的习俗。可以说，会昌匾额凝聚了深厚的客家文化，具有历史悠久、影响深

◎编撰组与福建连城县文化馆、博物馆同人合影

◎会昌戏剧小镇

远、寓意深邃、作用独特等鲜明的特点,体现了会昌客家人民追根寻源、崇文重教、积极入世的文化特质。且因为会昌地处江西省东南部,东邻福建、南靠广东,为赣粤闽"三省通衢",区位优势明显,更有利于匾额的传播。

史料记载,匾额起源的时间甚早。客家匾额文化已有2000余年的历史。上千年来,赣南地区大大小小的匾额以其特有的魅力,彰显着客家传统文化的力量。

在客家,民间宗祠挂匾的习俗一直沿袭传承。许多乡村祠堂至今仍保存了一部分明清、民国时期及当代的堂匾,悬挂在各个姓氏的宗祠内。这些匾额得到民间百姓的普遍认同,因而正在会昌民间逐步恢复、沿袭与延续。会昌匾额具有重要文物价值、历史文化价值和当代乡村文化等研究价值,引起了一批专家学者的兴趣和关注。

每一座村庄,都必有其来处。在会昌客家乡村,你会发现不管是百年老屋还是现代洋房,祠堂上都有精巧别致的长方形匾框,所刻文字遒劲飘逸,内容文采斐然,这便是会昌自宋代就有的悬挂匾额的传统习俗。在文武坝镇古坊村赣南匾额习俗传承基地,县里根据各家庭的特点,为每个农户各授匾一方，让群众可以在此观匾额、听故事，领略相关乡贤风采。在富城乡半迳村王氏、白鹅乡中心村刘氏等祠堂设立了38个传习点，更是对匾额习俗加以传承和保护的明证。

一位客家研究专家表示，因为匾通常悬挂在一个建筑的大门或者上堂，可以说它是建筑的眼睛，通过这个眼睛可以看到一个地方社会文化发展的情况。据了解，崇文重教、尊宗念祖的客家人常常把具有教育意义的内容镌刻在匾额之上，显示其家族品格高尚、门风淳朴、艰苦创业，并垂训后人，在造就一代又一代人的优秀品德中起着不可忽视的作用。

古村、古匾、古祠堂，那种古色古香的质朴风韵，如徐徐清风扑面而来。这些年见到的匾额林林总总的真不算少，但明代理学家、地理学家、嘉靖状元罗洪先题写的"庄溪草堂"匾，实在是眼熟极了。记得数年前，在高陂镇的田北农民画村曾见过这块匾。据悉，600多年前，罗洪先与同宗同族人自泰和迁徙而来。占地1000多亩的村子，至今罗氏一脉的宗祠在村庄中仍赫然伫立，还有一块笔力雄浑的匾额悬在眼前。罗洪先是人们在追寻国家级非遗代表性项目——"赣南客家匾额习俗"时，能检索到的一个重要的人物。曾经罗状元将他的理学精神流布于宗族，流布于田北村，也流布于吉安之外的广大地域。这样一座具备深厚文化底蕴的古村，该有怎样的今天，才配得上它的历史和先祖？

面对诗情画意的匾额，奔涌的情感总会让激动的心房跳跃出灵性的文字。客家的祖先受到"厚本抑末"的儒家思想影响，非常重视教育，受到"万般皆下品，唯有读书高"的思想影响，大力推崇耕读文化。客家匾额习俗形式上是由民间姓氏的"堂匾"演变而来，内容上是随南迁的汉民由古代仕宦的"阀阅功状"演变而来。因此，客家祠堂家庙横梁与檐顶之间都挂有匾额和楹联，除了一部分是颂扬先人辉煌的功绩外，大多是考取功名后宣扬族人举业和仕途的匾额。

随着时代的变迁，很多牌匾已经消失了。但在客家地区，有人居住的地方就有门匾。很多外地文化人来到客家地区，都会为这里的门匾种类之多和分布范围之广所震撼，并称赞这些乡村门匾是一座世人罕见的无墙的客家文化博物馆，是一道宏大的内涵丰富的民俗景观。

在客家地区，匾额资源丰富，尤其在一些古村落，匾额比比皆是。"有院就有门，门上就有匾。"门匾，就像一根红线，把同宗同谱人的思想感情连接在一起，不管是否相识，只要一看见门匾并能道出世系源流，就会得到东道主的热情接待，有宾至如归之感。客家研究专家肖文评说，在历史上，这一点在缓和当地人和客家人的矛盾中起到了十分重要的作用。

如今，门匾已逐渐成为一种文化遗迹，而牌匾作为一种独特的文化现象，它所含的信息对于研究

◎上犹门匾：紫荆传芳

客家人的民俗、教育、文化具有非常珍贵的文物价值。一位对匾额颇有研究的教授感慨地说："无论是出于对匾的钟情抑或对匾的热爱，这里承载着太多客家人对美好的向往。匾的文脉，匾的灵性，匾的渗透，无不成为客家人生活的注脚。"

也难怪，一位离别赣州30多年的朋友，在谈到客家时，首先想到的就是家乡的匾额，这位从不写诗的人也情不自禁地拿起了笔："故乡的匾，总在闭上眼睛的瞬间/伸到思绪间，与记忆缠绵/它留着我的童年，还有那悲欢酸甜、泪水与笑脸/它承载着我的昨天，像在长满野草的路边，和我一起追逐笑意盈盈的春天……"这样的诗句是从心底深处迸发，无论文字水平如何，它所表现出来的情感，都是极其生动的。因为没有任何一种事物能像河流那样汹涌澎湃，更能贴近我们的心灵，永远奔腾着我们的追求和热爱。匾额，就像我们身旁的一条河流，它静静地流过我们的生命，流过那些寂寞而又充满渴望的岁月，让我们的生活永远丰富多彩、辉煌灿烂。

其实，无论是过去还是现在，无论是对于个人、家庭还是集体、国家，客家匾额都是一部极好的国情历史文化教材，值得人们去探究和深入挖掘。

始于文化，光大于艺术。客家先人如果有知，应该是满意的。

二、看馆——岁月已经远去，往事不会远去

游弋于赣粤闽多个匾额馆之间，感受着一样又不一样的氛围，体味着各有千秋、形式多样的匾额习俗。

虽然行色匆匆，马不停蹄，但每一个展馆都看得极其认真，以至收获满满。就像在翻阅一本内容丰富的历史书籍，从近现代的发展历程，追溯到自晋代开始客家的5次迁徙，他们迈出的每一个脚步，都与"爱国、爱乡、爱家人"息息相关，可谓"五洲客家音，四海桑梓情"。2000多年来，走出去的客家人有很多。他们先是从北方的中原地区迁到南方，又从南方的口岸城市迁往世界各地。即使身处万里之外的异乡，也没有放弃自己的母语、文化传统和信仰，令人钦佩。

步履渐行渐远，但发生在匾额里的事情仍然令人激动不已。或许有些回忆，只专属于一个特有的年代。

有一种震撼，正迎面走来。一件件展品在无声

◎江西会昌百匾堂

地诉说,将人们带入那个熟悉而陌生的年月;一段段故事在历史与现实中串联,激起了受众对当地历史文化和客家民俗文化的认同。我们在用耳倾听、用眼观察,更用心去感受,一场文化之旅正如一条文化的长河,在心中汩汩流淌。

匾额馆的建立,为人们述说着千年的历史。既为收藏、科学研究、展现及传承客家文化提供了一个良好的场所,也为集中展示与系统研究客家匾额提供了便利的条件。

一样的山水,不一样的匾额。眼前这栋十分普通的楼房里"藏"着许多不平凡的"珍宝"。众多大小不等、种类丰富、古色古香的匾额呈现眼前,细细品味,每块匾额都展示一段历史,都记载一个故事。

这就是远近闻名的"百匾堂"。它是江西省首家以牌匾为特色的展馆之一,也为江西保护古匾文化开了先河。琳琅满目的民间木刻古匾,令人目不暇接。精选130多方从民间征集的各个朝代、各式各样的匾额,蕴含着会昌丰富的人文历史、深厚的文化积淀。这些匾额跨越明代、清代、民国等历史时期,其中年代最久远的是明代嘉靖年间状元罗洪先为会昌庄埠乡士绅胡庄溪题写的"庄溪草堂"。书写者身份大多显贵,既有明清进士、解元、举人、贡生等(其中不乏状元、榜眼、探花、清末留学生等高学位人士),还有提督学政、刑部主事、民国将军、省主席、县长等政界要人。解说员介绍,这里展出的匾额分为善德名望匾、科举功名匾、慈贤节孝匾、寿辰祝福匾、祠堂宅第匾等五类。

匾额整齐排布,风格迥异。会昌县作为闽粤赣三省客家地区的交界县份,千百年来融合凝聚了各地客家文化的精髓。客家精神,就蕴含在源远流长的中华匾额文化之中。这也是会昌"百匾堂"的开设初衷所在。

在洁净明亮的展厅中,"励洁明干""文章华国""湘滨逸志""乡评望重""芹宫毓秀""柏操松龄""春秋不老""萱荣桂馥"……一块块独具客家特色的匾额展现在眼前,清幽雅致,似百花齐放。虽然经过岁月的洗礼,有些匾额表面已经斑驳,但仍掩盖不了那苍劲有力、浑然雄厚的字迹。每一块匾都是一件精美的艺术作品。

连城博物馆"明清牌匾陈列馆",是福建省第一家以客家人文精神、以匾额文化为主题陈列的博物馆。馆内撷选连城县民间收藏家谢远忠、杨芳夫妇历经艰辛抢救和保护下来的明清时期、客家地区的300多件（套）珍贵文物，内容涵盖旌表、科举、功名、寿庆、堂号、民俗诸门类，极具历史、艺术和文化价值。

明清牌匾陈列馆的效应，在凸显客家家训家风、中华传统文化的人文性格与精神特质等方面，日益明显。2017年6月19日，以"两岸同根，闽台一家"为主题的第九届海峡论坛·海峡百姓论坛在福建龙岩举行，两岸近80个姓氏的宗亲代表1000多人欢聚一堂，再续"两岸一家亲"情谊。据中新网等媒体报道：会议期间，坐落在被誉为"客家神山"的福建省连城县冠豸山脚下，以"中国客家民俗博物馆"为主打品牌的连城县博物馆，迎来了140多位参加论坛的台湾同胞，其中明清牌匾陈列馆展出的317件（套）牌匾精品，让台胞啧啧称赞。"太好了，这是中华民族传下来的优秀文化，这些匾额文物不仅保护得好，而且非常有研究价值。"来自台湾新北市的一位台胞，在仔细欣赏一块块明清匾额后如是说。

据了解，连城明清牌匾陈列馆，全馆共分溯源报本、尚义重礼、崇文尚武、乐善好施、品书赏艺、闽匾台缘等六个部分，内容涉及旌表、科举、功名、寿庆、堂号、民俗诸门类，向人们展示了源远流长、博大精深的牌匾文化。尤其是"闽匾台缘"通过艺术长廊场景和在台任职官员题写的匾额，讲述海峡两岸文化同根、血脉相连的情缘。

走进武平，梦萦街巷之中。回眸那座老城门、那条老巷弄、那些老物件，便情不自禁地沉浸于武平这座城市的历史脉络之中，将古人所遗留下来的非遗文化深深烙印在脑海，最终化为乡愁余韵迂回心间。

这是一座建于清代中期的木结构古建民居，原名"树德堂"。武平客家匾额博物馆就坐落于此，馆外建有水池，墙处有"金榜题名"的景观雕塑，内部有天井，天井两侧共两层，连同厅堂一并作为匾额展区。

博物馆所在的建筑，由大夫第古建筑改造而成。据讲解员谢晓娟介绍，这座建筑融合了闽派、赣派、徽派等传统古建的特点，兼有客家古民居风格特色的环形长廊，结构精巧，布局对称，空间敞亮，造型协调，气势恢宏；天井四周的排水系统，通过水视将雨水导入厅堂内沟，形成"四水归堂"格局，

◎福建连城明清牌匾陈列馆

细节，渲染争当人中龙凤的主题思想。

都说武平客家匾额博物馆，藏的宝都是匾额。果不其然，内部展示着众多的古代传统匾额，是一处具有独特文化魅力的旅游场所。匾额是中华传统文化的承载体，从秦汉时期开始就有了，形展雕艺、书法之美，意明道理、功德之优，其中以朝廷封赏的匾额最为荣耀。

听品藏故事，追百年记忆。馆内的匾额很多是在展示客家传统文化的孝悌、治家、尊师、立德等价值观。在这里，聆听妙趣横生的武平匾额故事，流连客家匾额的文化风情，沉浸式穿越古今。

匾联里的福文化，在海峡两岸的影响越来越广，流传也越来越远。

梅州自古崇文重教，是广东五个科举发达县之一，从这里走出了无数名人志士、国家栋梁。梅州客家匾额馆是广东省极具代表性的匾额专题馆。该馆一共陈列了从客家地区征集的 160 多方蕴含着浓郁客家民俗风情的匾额。馆址设在中国客家博物馆达夫楼，占地面积 1500 平方米，是一座始建于 1935 年的中西合璧的客家民居建筑。该馆所展示的匾额是从广东、福建、江西等客家地区收集过来的，大部分为明清时期的匾额，分为功名匾、寿庆匾、商号匾、门楣匾、堂号匾、功德匾、综合匾七部分。在馆内，有一个宽达 4 米的大型匾额，上面写着"仁本堂"，字体圆润、浑厚，落款是"合族嗣孙同立"，从字面上理解，这块匾寄托着主人对仁爱、互

◎编撰组与福建武平文化馆同人合影

◎福建武平客家博物馆匾额陈列

寓意"肥水不流外人田"。精美的木雕装饰覆盖于整栋古建，门罩、窗楣、梁柱、窗扇等，处处可见以《三国志》等为主题的典故图案，如三英战吕布、桃园三结义、三顾茅庐等，彰显华美大气的木雕艺术

三、看德——入眼的地方，肯定也会入心

家风，影响着一个家族每一代人的成长。

家风包括：家德、家规、家训、家谱。其中，家德，是家庭崇尚的德理和伦理。如尊老爱幼、宽容博爱、善待他人、重礼谦让等。

小时候，父母在吃饭时经常提醒我们：不要拿筷子敲碗，吃饭时尽量少说话，咳嗽时要背对饭桌，待客时客人先动筷，做客时不挑三拣四……这其实就是关乎言行举止的礼仪教育，是家风的积淀与传承。

家风的"家"，既是家庭的"家"，也是国家的"家"。近些年，国家十分关注家风与家教问题。强调家风，说的是"小家"，着眼的是"大家"。好家风是最生动的课堂，"忠厚传家久，诗书继世长"。

万丈高楼始于基。家风就是一个人和一家人成长的"地基"。家风好，是家庭之幸；家风不好，则是家庭之祸。好的家风，对家人，尤其是对孩子的世界观、人生观、道德素养、为人处世及生活习惯等，都会产生良好的影响。可以说，好家风，是一个家庭的无价之宝。

从好家风的形成，联想到古时候我们的老祖宗一直倡导的客家文化、客家精神中的厚德载物、励志笃行、传颂德行、家训树德等教化主旨，与中华匾额的主题内涵一脉相承。

◎梅州客家博物馆

助等美好道德品质的追求，同时对该族人的后代具有教育和启示作用。

展陈手法与古民居建筑风格相得益彰，完美展现出匾额中凝练的诗文、精湛的书法、深远的寓意和浓郁的风情。匾额藏品的展出以"景仰先贤、忠孝清廉"为主题，以"尊道厚德、忠孝清廉、刚正公允、勤慎不息"为标准，选取了梅州市19位客家先贤，充分展现了梅州名人廉吏的贤德政声，使观众在轻松环境中感受到先贤的清廉精神与浩然正气。

客家匾额的魅力缘于什么呢？在去过不少匾额馆并做了比较后，笔者有了答案。

或许，在极繁的世界里，抽点余暇，面对那一块块的匾额，沉思着、遐想着，这就是极简的享受。在这里，仿佛一切都变得"随时随地"。

◎编撰组在福建武平客家匾额博物馆参观

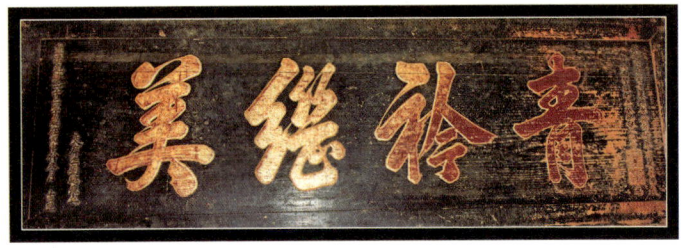

◎"青衿继美"匾

树德、立德思想，在客家匾额文化主题中占据着主导地位。

有人这样形容匾额文化：匾额之美，载诗文、品书法、鉴雕艺；匾额之韵，以明志、赠寄语、铭功德。

华夏千秋，星汉璀璨。在中华数千年的历史长河中，匾额文化是一种独特的存在，大抵以秦汉时期为始，至明清时期为盛，可谓中华独有的文化符号。"门楣上家国，梁柱间文脉"所指的就是匾额。所载内容大抵有着同一性主题，即提倡中华儒家思想、道德伦理等。

在林林总总的匾额中，善德名望匾的作用，不容小觑。用题赠匾额来表扬和彰显乡村的人或事，是当时统治者宣扬教化、树立典型和显示恩宠的一种重要形式。一般由明清时期朝廷的各级官员，对地方上的乡绅和那些有功德于民的人，赠以匾额以示褒奖。

承载百匾堂的会昌县博物馆，以古代传统匾额文物资源为历史媒介，旨在弘扬中华德行文化，诠释客家美德。在展厅中，"励洁明干"匾，系清乾隆六十年（1795年）兵部尚书、大学士苏凌阿为会昌武举曾绍兰题赠。这类匾额在当时对净化民风、增强民间士绅与村民的联系都起到了积极作用。

树德堂是闽粤赣边唯一以弘扬客家文化为宗旨的匾额文化馆。在一楼主厅，悬挂了一块题匾词为"明德惟馨"的清代老匾，这块匾的题词，开门见山地宣示了匾额展览的主题：弘扬中华德行文化。

明德惟馨，是一个固定成语，意思是世间真正的芳香是美德或光明之德。语出《尚书·周书·君陈》："至治馨香，感于神明。黍稷非馨，明德惟馨。"

由此可见，早在周代，中国人就意识到了美德的重要性。实际上，德行规范正是周礼文化的灵魂所在，而周礼文化又是周朝的治国基础。后世用于治国齐家的儒家道德体系，在很大程度上依然是周礼制度的延续，只是形式趋于多样，挣脱了礼乐的羁绊。

无独有偶。树德堂还有一块题匾词为"兰馨深院"的匾，乍看并不起眼，但匾额中透露出的"君子如兰""君子立德"之寓意，可谓跟树德堂的文化氛围相得益彰。这块匾是清咸丰八年（1858年）由福建武平知县陈应奎题写的。

君子之德，犹如兰花之香，引人向往。中华文化中，兰花与德行的寓意关系，始于孔子。《孔子家语》中对兰花寓意的表述："与善人居，如入芝兰之室，久而不闻其香，即与之化矣。"意思是说，常和德行高尚的人在一起，就像待在兰花香气飘溢的屋子里，时间长了，自己也充满香气。这个比喻，说明了中华德行文化的价值所在。用明德教化人，这也是客家匾额存在的意义。巧合的是，兴贤坊古文化街区武平客家匾额博物馆（树德堂）的右侧，就是文庙（孔庙）。

明德、立德、树德，古人的道德思想，在今天亦有振聋发聩之效。

翻阅史料，所谓"树德"，即立德，意在树立德行的标准。先秦《齐国佐不辱命》曰："四王之王也，树德而济同欲焉。"意思是说，指夏禹、商汤、周文王、周武王"四王"统一天下的时候，树立德行而济天下。春秋《左传》曰："太上有立德，其次有立功，其次有立言。"这就是所谓的"三不朽"：立德、立功、立言。其中立德是中华儒家文化中最高的境界。

客家匾额文化，是客家德行思想的传承载道之媒介。它彰显了客家文化中孝悌为先、亲善仁厚、

◎"百岁"匾　图源：《百匾大观》

勤俭治家、忠义两全、家训立德等优秀传统价值观和道德观。这些展出的匾额，对于今人仍有较大的道德启示价值。

我们再回到"明德"这一古老的中华德行标准。《史记·五帝本纪》说："天下明德皆自虞帝始。"这是显而易见的，在中华先圣尧舜禹中，虞帝舜是承上启下的美德象征人物，他的孝贤之道，连当今小学生都耳熟能详。

值得强调的是，《大学》作为儒学的名篇，不但被南宋大儒朱熹列为"四书"之首，亦被北宋大儒程颢、程颐，称为"初学入德之门也"。作为"入德之门"的鼻祖之作，《大学》在第一句开篇语中就做出了结论："大学之道，在明明德，在亲民，在止于至善。"讲解员谢晓娟对我们解释说，这句话的意思是，博学或读书的首要价值作用，在于弘扬"明德"，在于启蒙民众，使他们拥有光明正大的品德，保持弃旧图新的思想，从而实现天下至善的德行境界。可以想见，明德思想在中华五千年儒家文明中的地位。

明德作为一个抽象的德行概念，它有没有具体

的标准呢？答案当然是有的。还是《大学》里头说的："古之欲明明德于天下者，先治其国；欲治其国者，先齐其家；欲齐其家者，先修其身；欲修其身者，先正其心；欲正其心者，先诚其意。"这段话其实是对古代帝王将相说的，意思是说，他们想要让自己的美好德行昭示于天下，就要先治理好国家（诸侯），而要治理好国家，则先要治家有方；要治理好家庭，先要个人修身，也就是择善而行、做有德之人；而要修身立德，先要心地纯正，避免心术不正；如何才能心地纯正呢？最终的答案是：为人坦诚。

"明德"亦如家风。家风实质上是一个家庭内在的精神动力，更是生长在其中的每个人立身处世的行为准则。它的形成，无关家庭贫富、父母文化程度，所关涉的乃是父母的德行素养。一个知识分子，可能在教育孩子方面不尽如人意；一对文盲父母，却可能培育出具有良好品德的孩子。

正如教育家马尔库沙所言，孩子的目光就像永不休息的雷达一样，一直在注视着你。他们幼小的心灵就像一片荒野，如果不播种善良，就会被杂草淹没；如果不耕耘高尚，就会蔓延低俗。

孩子总在模仿大人，家长天天在家读书看报，孩子也会去翻翻书，或让你给他讲书中的故事；相反，家长天天打麻将、玩游戏，或在公共场所乱扔垃圾、讲脏话，孩子也会跟着学。

家风通过日常生活影响孩子的心灵，塑造孩子的人格，是一种无言的教育。它对孩子的影响是全方位的，孩子的世界观、人生观、性格特征、道德素养、为人处事及生活习惯等，每个方面都会打上家风的烙印。

客家匾额既是人文风景，更是历史印记。它用沧桑的字迹展示昔日的荣光，它与地方文化血肉相连，它用苍劲的外形隐喻客家人的情怀和精神，为这片土地增添几分神韵。上犹县制作的"客家人的门匾故事"长廊，取得了好效果。

用眼睛去阅读匾额的秘密，用心灵去感受匾额的魅力。从匾额弘扬的中华德行文化、诠释的客家美德中，我们会得到许多的启示。

当匾额遇上客家文化，千年传承留下的是什么？这是此行不言而喻的收获。

四、看史——翻阅族谱，像是探究一段历史

每一块匾额的背后，除了有故事，还有一个或多个不平凡的人。

于是，从一块块的旧匾中，我们记住了值得尊崇的先人；在一块块的新匾里，我们看到了正在眼前走动的今人。

也难怪，有人把客家匾额形象地比喻为微型族谱。

因为在每一块客家门匾里，都蕴含着大量的历史信息，是客家人尊宗念祖、家族兴旺的重要标志，

也是研究家族史、客家迁徙史和民族史的珍贵资料。

沧桑的颜色，仿佛在向人们诉说着悠远的历史。一块块匾额慢慢地看过去，感觉就像是在翻动客家人一节又一节缤纷多彩、浩如烟海的历史篇章。而那一块块厚重的匾额，仿佛在我们的面前开启了一扇扇尘封已久的历史窗口。

曾经在一本族谱的扉页，我读到过这样一段文字："古人云：国之有史，家之有谱。吾族裔孙，皆凤思先祖之念，且情殷殷。故戊子仲春，族中耆长数度聚议，亟宜首修欧阳氏瑶公续谱……以达到发扬祖先优良传统，激发后辈奋发进取的目的。"

据悉，赣南客家匾额习俗随着北方士族迁徙赣南而逐渐发展。"衣冠南渡"后，赣南成为客家先民驻足的第一站，匾额习俗也随之带到了赣南，并在赣南广大客家地区得到了传承和发展。客家匾额文化的兴盛与赣南乡村聚族而居的地理形态有关。客家先民扶老携幼来到赣南，为生存和发展，他们大多选择聚族而居，直到今天仍然保留着许多大姓聚居一村的现象。为了敦宗睦族、寻根问祖、凝聚宗族力量，赣南客家先民修建了规模不同或支系不同的姓氏宗祠、族祠，各种祠堂都有挂堂匾和其他匾额的习俗。

通过"看匾"的形式，大家可以在匾额中学会"看史"，读懂"族谱"，从中增长知识，获得收益。为推动国家级"非遗"项目——赣南客家匾额习俗的整体性保护，会昌县共设立匾额习俗传播基地，建立了传习所和匾额制作技艺传习点，经常会举办民间挂匾活动，吸引民众参与活动。

在会昌县采访中，我们见到了"非遗"省级代表性传承人肖天长。每日的奔波忙碌，岁月在他的脸上留下了痕迹，但他的精气神依然十足。他说："近年来，会昌县十分重视赣南客家匾额习俗的保护传承工作，通过兴建百匾堂，组织非遗传承人开展讲学等举措，让赣南客家匾额文化重放异彩。"

肖天长曾在会昌县供电系统工作多年，从1980年起，他向师傅肖先阳学习匾额制作技艺和匾额习俗，多年来博采众长、融会贯通，先后自制木质匾额300余方。从艺30多年来，肖天长一直致力于赣南客家匾额习俗的传承与发展。他以饱满的热情投身于匾额制作，所制作的匾额以端庄厚重、古朴大方等特点，受到赣、闽、粤客家人的青睐，甚至港澳台同胞及海外侨胞也慕名前来求匾，成为声名远

◎福建连城明清匾额陈列馆

播的"制匾名家"。

付出是无疑的,投入也是无疑的。此后,肖天长通过资金和技术支持,帮助徒弟肖伟明开了一家广告店,主要从事各式匾额的制作,师徒俩联手普及匾额文化。

如今,在肖天长的身上,有不少标签:"赣南客家匾额习俗"省级代表性传承人、江西现代职业技术学院客座教授、会昌县书法家协会副主席、会昌县中小学校外辅导员。

匾额在赣南得到了丰富和发展。赣南客家匾额主要有堂匾、功德匾、寿匾三大类。堂匾一般体形较大,以长方形居多,字体亦较粗犷,匾饰相对简洁,主要突出"某某堂"的标识功能。功德匾和寿匾的大小不一,形制多样,讲究书法、图案、印、雕、色等多种艺术形式的结合。形成了通过送匾、挂匾等活动,表彰先进、树立榜样以教化乡邦的客

◎肖天长在"赣南客家匾额习俗"传承基地开展活动

家传统习俗。这也是赣南客家匾额习俗久盛不衰的内在原因。

会昌匾额源于传统的祠堂建筑，尤其是祠堂内祖先牌位、某某堂号匾和祠堂内悬挂的功名匾、寿匾等。进入21世纪以来，匾额习俗以表彰先进、树立榜样的方式，标榜和称赞了受匾人的嘉言懿行与优秀品质，重新得到民众的普遍认可。匾额习俗在新时代获得了新生命，被赋予了新内涵。

肖天长介绍说，会昌匾额具有很强的民俗性，从规制到仪式都有一套独特的程序。肖天长对择吉日挂匾、游匾、祭匾、升匾等匾额习俗钻研得很通透，根据欧姓、陈姓、许姓、谢姓、萧姓等客家大姓的不同要求，主持或指导的挂匾仪式均有不同形式的创新。截至目前，他共主持了挂匾仪式30多次，指导组织挂匾仪式60多次，足迹遍及会昌、瑞金、寻乌、于都等地。

读史使人明智。会昌县以建设非遗传播基地为基础，开展非遗入校育人活动，通过编发宣传资料、举办图文展和授课等形式，吸引更多青少年走进非遗。肖天长经常在萧氏宗祠赣南客家匾额习俗传播基地，向前来参观的学生讲述匾额习俗和匾额故事，幽默诙谐的讲课风格深受全县中小学师生欢迎。

可以说，肖天长所做的这些，为会昌匾额做了一件功德无量、极有意义的事情。2021年5月，国家级"非遗"项目赣南客家匾额习俗技艺技能传习基地在江西现代职业技术学院揭牌。学校向"赣南

◎肖天长在雕刻匾额

客家匾额习俗"省级非遗项目代表性传承人肖天长颁发客座教授聘书，3名教师代表和40名学生代表向肖天长行拜师礼，双方结为师徒关系。拜师仪式结束后，肖天长带领徒弟们来到基地工作室召开师徒笔会，现场润笔沐书，书写"龙腾学海"四字榜书，激励同学们勤奋学习，努力拼搏，为传承和发扬非遗技艺技能做出自己的贡献。

用匾额的形式，诉说光阴中明亮的故事，表达老百姓对美好生活的憧憬、对幸福生活的渴望。我似乎也明白了，为什么近年来匾额越来越受到欢迎的原因了。

与肖天长交谈，能够明显地感觉到他的单纯。这种单纯，既是他的兴趣所至，也是他的心灵所至。"其实，生活就是简单随性。别人怎么说，不用介意，记得感恩就好。"

记得感恩就好。这句话，是肖天长对家人的感恩，是对客家乡亲的感恩，是对肖氏人的感恩，是

对所有关心和帮助过他的人的感恩。

临别时，肖天长赠送了一些有关会昌匾额的资料给我们。这些极具价值的史料，是珍贵的、独家的，来之不易。于我来说，如获至宝；于爱好匾额人而言，更像是一场及时雨，满足了那么多焦灼的渴求，因为这里面寄寓了肖天长不同凡响的劳动价值。

独特的客家文化和优秀的客家精神，影响着客家人，影响着中国，影响着世界。客家文化，乡土情怀，愿优秀文化精神不随时间而渐渐流逝。

肖天长还在继续忙碌着，热爱匾额人还在继续期冀着。从此以后，匾额的族谱，有人编撰；匾额的历史，有人续写；匾额的文化，有人传承。

匾额，在岁月中顽强地传递着自己的记忆，不断地向后代讲述着客家人的习俗。只有这些珍贵的记忆，才能证明匾额文化的不朽。

从肖天长的身上，我们看到了一种新的希望，一个匾额人的梦想！

主要参考文献

[1] 赣州市文化广电新闻出版旅游局.赣州非遗大典[M].南昌：江西高校出版社，2022.

[2] 赣州市政协文史和学习委员会.百匾大观：会昌百匾堂百匾考释[M].北京：中共党史出版社，2011.

[3] 李建平，宋瑞森.会昌春秋[M].北京：中共党史出版社，2009.

[4] 甘云龙.名人与名城赣州[M].北京：中国文联出版社，1999.

[5] 石禄生.匾额品藏[M].福州：福建美术出版社，2022.

[6] 赣州市政协文史和学习委员会.赣南古民居祠堂寺庙楹联堂匾撷萃[M].北京：中共党史出版社，2010.

[7] 吕泽庆.上犹客家门匾习俗[M].北京：中国社会出版社，2013.

[8] 朱翔.国家历史文化名城赣州：市情教育读本（中学版）[M].长沙：湖南教育出版社，2009.

[9] 李文君.紫禁城八百楹联匾额通解[M].北京：故宫出版社，2011.

[10] 李文君.西苑三海楹联匾额通解[M].长沙：岳麓书社，2013.

[11] 熊凤鸣.书家挥毫必备[M].上海：上海书画出版社，2000.

[12] 张平树.榜书技法[M].上海：上海书店出版社，2001.

[13] 陈平.中国客家姓氏祠堂楹联：全两册[M].北京：商务印书馆，2017.

附录

客家人的姓氏堂号、堂联

姓氏	堂号	郡望	堂联
赵姓	天水堂	天水郡	一琴世泽，半部家声
孙姓	映雪堂	太原郡	山西源流，江东开国
李姓	陇西堂	陇西郡	登龙世泽，射虎家声
周姓	爱莲堂	汝南郡	汝州世泽，细柳家声
吴姓	三让堂	延陵郡	平治世泽，至德家声
郑姓	荥阳堂	荥阳郡	尚书世泽，通德家声
王姓	太原堂	太原郡	三槐世泽，两晋家声
冯姓	大树堂	始平郡	将军世泽，天官家声
陈姓	德星堂	颍川郡	颍川世泽，太丘家声
蒋姓	乐安堂	乐安郡	三径世泽，九侯家声
沈姓	吴兴堂	吴兴郡	八咏世泽，四韵家声
杨姓	四知堂	弘农郡	五贵四泽，三鳣家声
朱姓	紫阳堂	沛郡	鹅湖世泽，鹿洞家声
秦姓	天水堂	天水郡	奉献世泽，赐福家声
许姓	高阳堂	高阳郡	忠孝世泽，节义家声
何姓	三高堂	庐江郡	庐江世泽，学海家声
吕姓	道德堂	河东郡	五祖世泽，八仙家声
张姓	清河堂	清河郡	九居世泽，百忍家声
孔姓	至圣堂	鲁郡	东山世泽，北海家声
曹姓	谯县堂	谯郡	相王世泽，才子家声
严姓	富春堂	天水郡	耕山世泽，钓水家声
魏姓	钜鹿堂	钜鹿郡	鹤山世泽，虎观家声
陶姓	爱菊堂	济阳郡	百梅世泽，五柳家声

续表

姓氏	堂号	郡望	堂联
姜姓	渭水堂	天水郡	友爱世泽，至孝家声
谢姓	东山堂	陈留郡	芝兰世泽，宝树家声
邹姓	范阳堂	范阳郡	宾贤世泽，德逸家声
苏姓	五凤堂	扶风郡	北海世泽，南天家声
潘姓	花果堂	荥阳郡	锦怀世泽，美仪家声
葛姓	抱朴堂	顿丘郡	稚川世泽，传治家声
范姓	万笏堂	高平郡	义田世泽，墨帐家声
彭姓	述古堂	宜春郡	宜春望族，高阳衍庆
鲁姓	三异堂	扶风郡	扶风世泽，中牟家声
韦姓	一经堂	京兆郡	诗书世泽，天国家声
马姓	伏波堂	扶风郡	铜柱世泽，绛帐家声
方姓	河南堂	河南郡	三邑世泽，六桂家声
任姓	九真堂	东安郡	西苑世泽，南海家声
袁姓	卧雪堂	汝南郡	清廉世泽，惠政家声
柳姓	河东堂	河东郡	文宗世泽，笔正家声
史姓	孝友堂	京兆郡	溧阳世泽，京兆家声
唐姓	桐叶堂	晋昌郡	梧圭世泽，蓂楷家声
薛姓	三凤堂	河东郡	河东世泽，江南衍庆
雷姓	信义堂	豫章郡	孝廉世泽，胶膝家声
贺姓	诗文堂	会稽郡	儒宗世泽，学仕家声
倪姓	千乘堂	千乘郡	锄经世泽，教孝家声
汤姓	执中堂	临川郡	中山世泽，临川家声
罗姓	匡正堂	豫章郡	宣城世泽，豫章家声
郝姓	晒腹堂	太原郡	成汤世泽，太原家声
常姓	忠武堂		怀远世泽，开平家声
于姓	宽平堂	东海郡	东海世泽，西侯家声

续表

姓氏	堂号	郡望	堂联
傅姓	双凤堂	北地郡	二邑世泽，三德家声
康姓	三省堂		明经世泽，霸廉家声
余姓	风采堂		新安世泽，下邳家声
卜姓	西河堂		大夫世泽，御史家声
顾姓	孝亲堂	武陵郡	武陵世泽，文献家声
孟姓	亚圣堂		七篇世泽，四书家声
平姓	文泉堂		明经丞相，博洽中书
黄姓	孝友堂	江夏郡	徽流江夏，景焕阳春；江夏世泽，颍川家声
肖姓	芳远堂		兴汉世泽，辅政家声
姚姓	吴兴堂	吴兴郡	桐城世泽，梁国家声
邵姓	康节堂		甘棠世泽，皇极家声
汪姓	平阳堂	平阳郡	歙州世泽，越国家声
毛姓	脱颖堂		片言世泽，九鼎家声
米姓	宝晋堂		西域世泽，南宫家声
徐姓	东海堂	东海郡	南州世泽，东海家声
成姓	上谷堂	上谷郡	惟善世泽，诗书家声
戴姓	谯国堂	谯国郡	解经世泽，叙礼家声
宋姓	雍睦堂	京兆郡	尚书世泽，景文家声
纪姓	善射堂	平阳郡	穿杨世泽，贯虱家声
董姓	卧虎堂		儒宗世泽，良史家声
梁姓	安定堂	安定居	三清世泽，七序家声
杜姓	宝田堂		忠孝世泽，经史家声
季姓	一诺堂	渤海郡	荆楚世泽，关中家声
郭姓	汾阳堂	太原郡	太原世泽，虢国家声
林姓	西河堂	西河郡	九龙世泽，双桂家声
钟姓	颍川堂		晋贤世泽，楚邑家声

续表

姓氏	堂号	郡望	堂联
邱姓	长春堂	河南郡	龙门世泽，仙山家声
高姓	渤海堂	渤海郡	常山世泽，边塞家声
夏姓	敦仁堂	会稽郡	尚忠世泽，至孝家声
田姓	紫荆堂	雁门郡	雁门世泽，麟趾家声
胡姓	安定堂	安定郡	丽霞世泽，相贤家声
万姓	扶风堂	扶风郡	成乡世泽，槐里家声
管姓	晋阳堂		锄金世泽，煮海家声
卢姓	旗羲堂	范阳郡	范阳世泽，涿郡家声
石姓	三典堂		万石世泽，八公家声
崔姓	三戟堂	清河搏陵	五原世泽，四皓家声
龚姓	渤海堂	武陵郡	荆楚世泽，渤海家声 炎帝启姓，望出武陵
程姓	培善堂	广平郡	怀仁世泽，彝德家声
陆姓	河南堂	河南郡	云间世泽，洛邑家声
段姓	忠烈堂	武威郡	汧阳世泽，丹笏家声
侯姓	上谷堂	上谷郡	诗书门第，骑射家声
符姓	绳武堂	琅琊郡	乐施世泽，骑射家声
刘姓	传经堂	彭城郡	彭城世泽，黎阁家声
黎姓	京兆堂	京兆郡	西川世泽，北宋家声
步姓	紫金堂	平阳郡	东国名贤，西陵遗爱
沙姓	志颐堂	汝南郡	汝南世泽，苏北家声
蒲姓	绰然堂	河东郡	柳泉世泽，聊斋家声
赖姓	西川堂	西川郡	鄢陵世泽，松阳家声
廖姓	汝南堂		襄阳世泽，蜀汉家声
文姓	庐江堂	雁门郡	成都兴教，蜀郡流芳
诸葛姓	卧龙堂	琅琊郡	南阳世泽，西蜀家声
关姓	武圣堂	陇西郡	忠勇世泽，仁义家声
曾姓	三省堂	鲁郡	武城世泽，鲁国家声

后 记

在社会各界的关心支持下,《悬着的"眼神"——赣南客家匾额习俗》一书,终于与大家见面了。编者此时的心情,可谓喜忧参半,忐忑不安。

从非物质文化遗产保护的角度,来审视国家级非物质文化遗产代表性项目——匾额习俗(赣南客家匾额习俗)的发展演变、存续传承、规制变化、时代价值等,《悬着的"眼神"》是一种创新,也是一种尝试。探索的意味,远大于实际的成效。全书分为客家建筑的点睛之笔——匾额,源远流长的客家匾额习俗,精彩纷呈的客家匾额习俗活动,客家匾额上的"文化基因",熠熠生辉的客家名人名匾,客家匾额的那些人、那些事等六个章节。

从前期的文字撰稿和图片的收集、整理,到后期的修改、完善,以及最后的排版、编辑、出版,得益于会昌县文广新旅局、会昌县博物馆、项目保护单位——会昌县非物质文化遗产保护中心和江西高校出版社相关工作人员的辛勤付出。在此,对给予本书大力支持的领导、编辑及其他相关人员致以衷心的感谢。特别要感谢"赣南客家匾额习俗"项目省级传承人肖天长、会昌县作家协会宋瑞森等专家的支持帮助,他们认真审阅了书稿,并提出了许多中肯的建议。

在编写过程中,我们参阅了大量的图书典籍,参考了大量关于匾额和匾额习俗研究的文章书籍,长期考察客家匾额的习俗变化,多次参与赠匾、挂匾活动,实地参观了赣南、闽西、粤东等地的客家博物馆和有关匾额的精品展陈,引用了其中的一部分文字资料和各种珍贵的历史图片,其中有的做了标注,有的因为出处不明、版本不同、反复引用等原因,导致一些内容标注不全、不到位。再次感谢提供文字、图片的幕后作者,感谢你们在本书编选过程中的无私奉献。需要特别说明的是,如果因为我们的工作疏忽,侵犯了作者的著作权,我们深感歉意,请及时与我们联系,我们将通过多种方式给予适当补偿。另外,本书因为篇幅有限,时间紧迫,难免有不少疏忽之处,敬请各位专家学者、广大读者朋友批评和指正。

弘扬客家匾额文化,传承发展赣南客家匾额习俗,任重道远,迫切希望看到更多更好的研究成果出版问世,更欢迎社会各界人士积极参与,群策群力,协同推进赣南客家匾额习俗的传承发展,期盼客家匾额习俗在新时代新征程迸发出新的光彩。

编者
2023 年 7 月